Axel Fuesers
Albrecht Graf Finck von Finckenstein
Napoleons Marschall Soult und Louise Berg

Axel Fuesers
Albrecht Graf Finck von Finckenstein

Napoleons Marschall Soult und Louise Berg

WALLSTEIN VERLAG

Inhalt

Vorwort

Über den napoleonischen Marschall Soult als Soldat, über Soult als Politiker während der französischen Restauration und unter der Julimonarchie, über Soult als Ehegatten und Vater, als Kunstsammler und Bücherfreund sind seit dem 19. Jahrhundert mehrere Biographien in französischer und englischer Sprache geschrieben worden. Abgesehen von derjenigen Carl Bleibtreus im Jahre 1902 ist jedoch bisher keine Biographie in deutscher Sprache erschienen; geschweige denn eine solche, die sein ganzes Leben umfasst und gleichzeitig der Bedeutung gerecht wird, die seine deutsche Frau Louise für sein Leben und seine Karriere gehabt hat. Soult war in allen Phasen seines Lebens unzertrennlich mit seiner Familie, mit Louise und mit seinen Kindern Napoléon-Hector und Hortense, verbunden. Napoleon Bonaparte, der ihn »mon cousin« zu nennen pflegte, bestätigte Soult am Abend der bei Austerlitz gewonnenen Schlacht: »Soult, Sie sind der erste militärische Taktiker Europas!«[1]

Allerdings hat Napoleon in seinen Memoiren auf St. Helena auch geschrieben, dass Soult trotz seiner starken Charaktereigenschaften in seiner Ehe nicht der bestimmende Teil war.[2] Das war eine Anspielung auf Louise, die sogar den Mut hatte, ihm selbst, Napoleon, ihre Meinung zu sagen, wie zu berichten sein wird.

Ich danke meinem Freund Albrecht Graf Finck von Finckenstein für das Interesse, das er als Historiker der

Geschichte meiner Familie geschenkt hat, und für seine Bereitschaft, diese in die großen historischen Zusammenhänge einzuordnen. Er war der Verfasser der Kapitel »Der Soldat«, »Die Rechtfertigung«, »Der Politiker« und »Ausblick«.

Ich bin aber auch all denen zu Dank verpflichtet, die mir bei der Sammlung und Aufbereitung der Quellen und Abbildungen behilflich waren: Nicole Gotteri, Historikerin an der französischen Nationalbibliothek, Didier Descamps und den mir ganz besonders nahe stehenden französischen Cousins, Ludovic Froissart und Antoine comte de Guitaut. Mein innigster Dank gilt Berthold Glauerdt, der mir die Geschichte von der »Begegnung auf der Treppe« und deren Folgen überliefert und zahlreiche Briefe von Louise und Hortense sowie der königlichen Familie des Hauses Orléans aus der Sammlung von Albert Keuchen überlassen hat.

Axel Fuesers Solingen am 30. Januar 2005

Die Begegnung auf der Treppe

Am 20. Januar 1796 rückt der 26-jährige französische General Jean de Dieu Soult mit den Revolutionstruppen in Solingen ein.

Österreich und Frankreich befinden sich seit 1792 im Krieg miteinander. Im Dezember 1795 haben sie einen Waffenstillstand geschlossen. Das von Bayern aus regierte Bergische Land – das Herzogtum Berg – gilt als neutrale Zone. Es herrscht Winterruhe, bevor man im nächsten Frühjahr wieder aufeinander losschlagen wird. In diesem Winter ist Solingen Grenzort und Sitz des Hauptquartiers der Brigade Soult, die zur französischen Rheinarmee des Generals Jourdan gehört.

In der Cölner Straße am Ortseingang von Solingen steht das Patrizierhaus des Johann Abraham Knecht. Es wird wegen seiner sieben Stufen, die zum Eingangsportal führen, »Haus auf der Treppe« genannt. (Abb. 4) Auf eben dieser Treppe steht die 24-jährige, am 26. Mai 1771 geborene Louise Berg, Tochter des verstorbenen Klingenkaufmanns und Bürgermeisters Johann Abraham Berg und seiner Frau Wilhelmine, geb. Mumm, und beobachtet den Einzug der Franzosen.

Sie erblickt den jungen groß gewachsenen General. Der stolze Reiter ist eine imposante Erscheinung. Seine Silhouette besticht durch aufrechte Haltung und muskulösen Körperbau, die er den physischen Anstrengungen des Soldatenlebens verdankt. Der französische Truppenchef strahlt Würde, Prestige und zugleich vornehme Zurückhaltung aus. Von dieser Erscheinung ist die junge Louise so angetan, dass sie sich auf der Stelle in ihn verliebt.

Wie der Zufall es will, wird Soult auf Vorschlag des Bürgermeisters ein Quartier im Hause von Louises Mutter, *in den Casernen Nr. 21*, zugewiesen.

Wilhelmine Berg (Abb. 19) bemüht sich, da sie um die Jugend und Stattlichkeit des französischen Generals weiß und um das Herz ihrer Tochter fürchtet, vergebens darum, den General umquartieren zu lassen. Doch ihre Anstrengungen helfen nichts. Der damalige Bürgermeister Peter Johann Abraham Schmitz meint, nur das Haus Berg *in den Casernen* sei als das komfortabelste und distinguierteste am Platze für den Truppenchef und Brigadegeneral Soult gut genug.

Handwerksaufzeichnungen seit der Mitte des 17. Jahrhunderts belegen, dass die in Solingen den Namen Berg tragenden Familien ausnahmslos der Bruderschaft der Schwertschmiede angehörten, dem angesehenen, privilegierten Handwerk Solingens. Ein Schwertschmied Johann Berg, Peters Sohn, leistete im Jahre 1645 den Handwerkseid. Im Jahre 1622 wurde ein Johannes Berg geboren, der ein Alter von 97 Jahren erreichte. Er bekleidete das Bürgermeisteramt von 1673 bis 1687. Mehrere Schwertschmiede, Schwertfeger und Klingenkaufleute des Namens Berg dienten im 17. und 18. Jahrhundert als ehrenamtliche Bürgermeister, so auch Louises Vater, der Klingenkaufhändler Johann Abraham Berg (1730-1786), Louises Großvater, der Klingenkaufhändler Abraham Berg (1695-1778) und Louises Urgroßvater, der Schwertschmied Peter Berg

(1651-1730). Von Louises Ur-Ur-Großvater Caspar Berg wissen wir, dass er sich vor 1650 mit Katharina Keuller vermählte, mit seinem Schwiegervater Clemens Keuller vom Engel auch schon eine Schwertschmiede betrieb und Mitglied des Solinger Rates war. Den Bergs des 17. und 18. Jahrhunderts entstammten u.a. auch Lehrer, Pfarrer und Universitätsprofessoren der Philosophie sowie der Theologie.

Der blutjunge Brigadegeneral Soult findet beim Bezug seines Quartiers *in den Casernen* jenes anmutige Mädchen wieder, das er bereits beim Einzug in die Stadt beobachtet hatte und von dessen unbekümmertem Liebreiz er offenbar bereits gefangen war.

Im Hause der Mutter besticht Louise durch ihre aufgeweckte Art und ihr sanftes Gemüt. Ihre praktische Veranlagung, erworben im Hause ihres Onkels, eines Kaufmannes in Barmen, dessen Haushalt sie geführt hat, imponiert dem General. Während sie für das leibliche Wohl des Gastes sorgt, redet sie munter in seiner Sprache, die sie als einzige im Hause beherrscht. Diese Mischung aus Intelligenz und praktischem Geschick gefällt Soult. Mademoiselle Berg findet ihren ersten Eindruck bestätigt. Der 1,78 m große, stattliche und ruhige Franzose mit großen, braunen Augen, einer hohen Stirn, auf die braune Locken fallen, einer markant langen Nase und vollen Lippen gefällt ihr immer besser.

Es überrascht also nicht, dass sich beide schon bald verloben. Am 26. April 1796, nur drei Monate nach dem Einzug der Franzosen, findet die Hochzeit statt. Pastor Johann Wilhelm Neinhaus traut das junge Paar in der evangelischen Stadtkirche. Gefeiert wird im *Haus auf der Treppe*. Trauzeugen sind Johann Abraham Knecht und Peter Weyersberg.

Soult hat übrigens großes Glück, die Frau seines Herzens heiraten zu dürfen. Das Gesetz zur Heiratserlaubnis für Offiziere wurde kurz zuvor abgeschafft und schon wenige Jahre nach seiner Eheschließung wieder eingeführt.

Die Vermählung von Louise Berg und Jean de Dieu Soult war eine für damalige Verhältnisse ungewöhnliche Liebesheirat zwischen zwei Menschen, die sich in mancher Hinsicht unterschieden. Sie: Deutsche und Protestantin, einer traditionellen Kaufmannsfamilie im Bergischen Land entstammend. Er: Franzose und Katholik, aus einer Notarfamilie, geboren und aufgewachsen im Languedoc. (Abb. s. S. 17) Die Landschaft dort ist herb. Die großen Temperaturunterschiede, der wenig ergiebige Boden und die Abgeschiedenheit der Dörfer zwingen die Menschen, ihre natürlichen Kräfte zu stärken und ihre Bedürfnisse einzuschränken.

Sein Vater Jean Soult besaß eine kleine Kanzlei in Lacabarède nahe Saint-Amans. Diese vom Vater zu übernehmen, kam für den jungen Soult nicht in Frage, denn Jean de Dieu zeigte schon früh wenig Geduld für eine Bürotätigkeit. Abenteuerlust trieb ihn dazu, mit 16 Jahren in die Armee einzutreten.

Ihrer unterschiedlichen Herkunft und der damit verbundenen Konsequenzen und möglichen Probleme waren sich die jungen Eheleute durchaus bewusst. Louise Berg und Jean de Dieu Soult verliehen ihrem Willen, aus der ungewöhnlichen Verbindung eine gute Lebensgemeinschaft zu schaffen, im Ehevertrag Ausdruck:

»Beide haben sich mit Einwilligung ihrer Eltern aus freiem Willen dazu entschlossen zu heiraten, gemäß den vom Gesetz geforderten Formen und Sitten. Sie haben bei dieser Gelegenheit einander versprochen, in Frieden, Freundschaft und Vernunft zusammen zu leben, so wie es sich für anständige Eheleute gehört, und ihre Kinder zu erziehen, zu lieben und sie ihrer Eltern und ihres Vaterlandes würdig aufzuziehen.«

Ob allerdings Jean de Dieu Soult Louise Berg geheiratet hat oder ob er nicht vielmehr von ihr »geheiratet wurde«, darüber gingen die Meinungen in den der Familie nahe stehenden Kreisen auseinander. Louise hatte sich nämlich vor ihrer Bekanntschaft mit Soult auf eine Affäre mit dem französischen Emigranten Duffieux de la Grange Merlin eingelassen. Diese Vorgeschichte erklärt zumindest ihre Gewandtheit in der französischen Sprache. Duffieux hielt sich unter dem Vorwand in Solingen auf, für sein Regiment Waffen einzukaufen. In Wahrheit warb er für die königliche englische Armee. Bei dieser Gelegenheit wollte er Louise entführen, und beide sollen sich angeblich bei der Ankunft der französischen Armee bereits einig gewesen sein. Doch Wilhelmine Berg erklärte am 27. Januar 1796 vor dem Solinger Stadtsyndikus Dr. F. Hermann Wisselinck, dass ihre Tochter den Brigadegeneral Soult heiraten werde. Darüber hinaus bestätigte sie notariell, dass ein gültiges Eheversprechen zwischen Louise und Duffieux nicht bestehe. War also Louise fest entschlossen, einen Franzosen zu heiraten, suchte sie sich wohlmöglich den stattlichen General aus, weil er eine bessere Alternative zu Duffieux darstellte?

Wir wissen es nicht. Örtlichen Gerüchten zufolge soll Soult in einer engen Straße südlich des Alten Marktes Schanzen errichtet und damit gedroht haben, er werde die Stadt anzünden, wenn ihm die Familie Berg die Einwilligung in die Verlobung mit Louise versage. Die Einwohner Solingens sollen die Bergs erschrocken angefleht haben, dem Wunsch des Generals nachzukommen.

Wie dem auch immer gewesen sein mag, als am 27. April 1796 das Bündnis feierlich besiegelt wurde, dürften – wie der Ehevertrag zeigt – solche oder ähnliche Drohungen keine Rolle mehr gespielt haben. Vielmehr wurde der Grundstein für eine erstaunliche und solide Ehegemeinschaft gelegt, die im Laufe der folgenden 55 Jahre noch manche Höhen und Tiefen durchleben sollte.

Der Soldat

Zum Zeitpunkt seiner Heirat mit Louise Berg stand der Brigadegeneral Soult im Verband der Divison Lefebvre in der Armee des Generals Jourdan, die vom Direktorium der französischen Republik beauftragt war, rechts des Rheins den Kampf mit den Österreichern fortzusetzen, den der General Custine schon bis an den Mittelrhein vorgetragen hatte. Der junge Ehemann hatte damals bereits eine glänzende Karriere in der französischen Armee durchlaufen.

Als drittes von 7 Kindern des Notars Jean Soult und seiner Ehefrau Marie Brigitte de Grenier de La Pierre am 27. März 1769 in Saint-Amans La Bastide in der Provence geboren, entstammte er einer Familie des städtischen Bürgertums des Languedoc. Die Soults gehörten innerhalb des – vor der Revolution so genannten 3. Standes – zum Bürgertum und dessen mittlerer Schicht, die sich aus den freien Berufen der Anwälte, Notare und Ärzte zusammensetzte. Diese Schicht machte etwa 20% des eigentlichen Bürgertums aus und stellte vor und während der Revolution die geistige Führungsschicht Frankreichs.

Nach dem frühen Tod des Vaters im Jahre 1779 war der älteste Sohn Jean de Dieu[3] für den Beruf des Vaters bestimmt worden. Doch dieser Ausbildung entzog sich der junge Soult 1785 durch die Flucht, um – noch 16-jährig – in ein Regiment der königlichen Infanterie einzutreten. Und schon im Juni 1787 wurde er zum Korporal befördert am Vorabend der Französischen Revolution, jener Revolution, die das Gesicht Europas verändern, aber auch für die Zukunft des jungen Soldaten von großer Bedeutung werden sollte. Sein Eintritt in die Armee erfolgte allerdings für ihn als Bürgerlichen noch ohne Aussicht auf einen Aufstieg als Offizier über den Rang eines Oberleutnants hinaus. Dass sich diese Beschränkung, die 1781 durch Erlass des Kriegsministers Ségur vergeschärft worden war, aufheben sollte, war 1785 noch keineswegs vorauszusehen. So scheint denn auch der junge Soult, als ihm dies klar wurde, an seiner Berufswahl gezweifelt zu haben. Er kehrte nach Hause zurück und soll den Plan gehabt haben, Bäcker zu werden, dann aber auf Drängen der Familie zur Armee zurückgekehrt sein. Doch schon seine nächste Beförderung im Juli 1791 zum Sergeant stand unter neuen Bedingungen. (Abb. 1) Unhaltbare wirtschaftliche, soziale und politische Zustände innerhalb Frankreichs entluden sich am 14. Juli 1789 in Paris mit dem Sturm auf die Bastille, mit der die große Revolution ihren Anfang nahm. Aus den von Ludwig XVI. zur Lösung einer Finanzkrise nach Paris einberufenen Generalständen heraus formierte sich eine Nationalversammlung, die die politische Initiative an sich zog. Sie brachte den König unter Kontrolle und ging schrittweise zu Reformen über, darunter der Abschaffung erblicher Privilegien und der Feudallasten, die den Absolutismus beendeten. Nach einem misslungenen Fluchtversuch des Königspaares und einer Bündnisabsprache des deutschen Kaisers Leopold II. mit dem König von Preußen in Pillnitz kam es 1792 wegen der Ansprüche deutscher Fürsten

Soults Geburtshaus in Saint-Amans-Soult, Departement Tarn

im französischen Elsass zur Kriegserklärung an Österreich durch die im Oktober 1791 gewählte gesetzgebende Versammlung noch mit Zustimmung Ludwig XVI. Das Vorrücken eines preußisch-österreichischen Heeres unter dem Herzog von Braunschweig, der ein drohendes Manifest zugunsten der Wiedereinführung der absoluten Monarchie in Frankreich veröffentlichte, und das Desaster der Truppen der Franzosen an der belgischen Grenze führten in Paris zu überstürzten Maßnahmen der Regierung. Als der König diese durch sein Veto verhindern wollte, kam es zum Sturm auf die Tuilerien und der Verhaftung der königlichen Familie, die die Monarchie am 10. August 1792 beendete. Schon im folgenden Monat zogen sich die Preußen nach der Kanonade von Valmy aus dem Bündnis mit Österreich zurück. In dem nun folgenden Gegenangriff der Franzosen, der unter der Devise »das Vaterland ist in Gefahr« erfolgte, wurde Belgien erobert und wurden mit einem Vorstoß an den Rhein Speyer, Worms und Mainz eingenommen.

Während der revolutionären Umbrüche in Paris und in den Provinzen stand der Sergeant Soult noch 1791 bei seinem Regiment in Schlettstadt, wurde aber schon 1792 im Verband der Rheinarmee zum Unterleutnant befördert, um nach dem Sturz der Monarchie am Vormarsch der Franzosen unter Custine an den Rhein teilzunehmen. Für Soult begann nun die Zeit seiner Bewährung im Felde in den Kämpfen zwischen Mainz und Straßburg, bei denen er im August 1793 zum Capitaine befördert wurde. Der Zufall ermöglichte damals ein Wiedersehen mit dem Bruder Pierre-Benoit, der seit

1788 in einem Infanterieregiment der Touraine Dienst tat. Soults Wechsel von der Rheinarmee zur Armee »Sambre und Maas«, der Nordarmee, war verbunden mit seinem Eintritt in den Stabsdienst. Seine Dienststellung in Stäben und als Bataillonskommandeur musste damals, wie jegliche höhere Beförderung im Offizierskorps, durch die Repräsentanten der Nationalversammlung bei der Armee bestätigt werden. Im Mai und Juni 1793 rückte die Nordarmee in Belgien ein, das nach militärischen Niederlagen der Franzosen unter General Dumouriez, der dann zu den Österreichern überlief, wieder verloren gegangen war. Im Januar 1793 waren, auf die Hinrichtung Ludwigs XVI. hin, England, Holland, Spanien, Sardinien, Neapel, Portugal, der Papst und das Römisch-deutsche Reich dem Bündnis mit Österreich beigetreten. Anlässlich der Kämpfe in Belgien unter dem General Jourdan konnte sich Soult bei der Eroberung von Charleroi und dem Sieg über die Österreicher bei Fleurus wiederum auszeichnen. In diesem Zusammenhang wurde über Soult durch seinen Divisionskommandeur Lefebvre an den Wohlfahrtsausschuss berichtet. Dieser Wohlfahrtsausschuss hatte die politische Leitung Frankreichs übernommen, nachdem 1792 der Konvent als Nachfolger der Nationalversammlung gewählt worden war.

Aus dem Bericht über Soult an den Wohlfahrtsausschuss ist ein Persönlichkeitsprofil von einiger Deutlichkeit erkennbar. Unter Fähigkeit und sittlicher Haltung heißt es dort: Soult vermag zu lesen, zu schreiben, verfügt über Grundlagen der Mathematik und hat Kenntnisse in der Geographie; beherrscht die Reglements der Infanterie bis hin zur Befähigung, sie einzuüben. Den Stand seines Militärdienstes fasst der Bericht in zwei Feststellungen zusammen: »Er hat an allen Feldzügen des gegenwärtigen Krieges [1. Koalitionskrieg] teilgenommen« und »hat beständig Beweise seiner staatsbürgerlichen Gesinnung gegeben«. Seine Befähigung zur Übernahme höherer Dienststellungen geht aus dem Bericht deutlich hervor: er würde den Grad eines Brigade- oder Divisionsgenerals mit Auszeichnung ausfüllen, ausgestattet mit Aktivität und außergewöhnlichen Kenntnissen.

Soult, der bis zum Ende der Offensive von 1794, die nach dem Einmarsch der Franzosen in Brüssel und der Einnahme von Namur zum Stehen kam, noch die Funktion eines *chef d'état-major,* eines Stabschefs der Division Lefebvre, inne hatte, erfüllte in dieser Funktion in der Ruhestellung der Truppen einen besonders anstrengenden Dienst bei der nun erforderlichen Ordnung und Reorganisation der Truppe. Er sagt selbst dazu: »Ich kann sagen, dies war der Abschnitt meiner Karriere, wo ich am meisten gearbeitet habe und wo mir die Vorgesetzten besonders anspruchsvoll erschienen.« Es war dann Gillet, der Repräsentant des Konvents bei der Nordarmee, der Soult mit Schreiben vom 27. September dem Wohlfahrtsausschuss zur Ernennung zum Brigadegeneral vorschlug, die unter dem 11. Oktober 1794 erfolgte. Der General war damals gerade 25 Jahre alt, ein echtes Kind der Revolution, die ihn, einen tapferen, kaltblütigen und sehr tüchtigen Soldaten empor getragen hatte wie fast gleichzeitig seinen Altersgenossen Napoleon Bonaparte, der ein Jahr zuvor

Brigadegeneral geworden war. Dieser hatte Soult gegenüber allerdings den Vorteil gehabt, als Adeliger und Absolvent der Militärschulen in Brienne und Paris seine Laufbahn zu beginnen. Ausgestattet mit einer kräftigen körperlichen Konstitution, gebildet durch das Selbststudium in der Beobachtung und der Ausführung grundlegender Elemente des Kriegswesens war Soult immer eifrig bemüht, sich weitere Kenntnisse anzueignen und Fortschritte zu machen, um seinen Ambitionen gewachsen zu sein. Noch Jahre später erinnerte sich einer seiner Regimentskameraden, wie eifrig sich der junge Korporal Soult bei Tag und bei Nacht durch Beobachtungen von Truppenübungen und Bücherstudium fortgebildet habe. In seinem Streben kam ihm zu Hilfe, dass er sich im Felde bewähren und ohne die Behinderung von Standesprivilegien seinen Aufstieg nehmen konnte. Eine Vielzahl von Adligen, etwaigen Konkurrenten, waren damals emigriert. Günstig für seinen Aufstieg war dann auch die Verstärkung der Armee: 1793 hatte auf Beschluss des Nationalkonvents eine Massenaushebung stattgefunden, durch die etwa 750.000 Männer in die Armee berufen wurden, eine *levée en masse*, der dann die Abwehr der Koalition und die Niederschlagung royalistischer Aufstände in der Vendée gelang. Damals wurden der 31-jährige Jourdan und der 27-jährige Hoche Armeeführer, die beide seit 1789 innerhalb weniger Jahre aus untersten Dienstgraden in die Führungsschicht der Armee aufstiegen.

Mit der Beförderung zum General erhielt Soult das Kommando über eine Brigade, um während des Winters 1794/1795 im Verband der Division Desjardin im

Raum Krefeld Quartier zu nehmen. Und wieder hatte er erhebliche Mühe aufzuwenden, seine Brigade in einen felddienstfähigen Zustand zu versetzen.

Mit Preußen war damals ein Separat-Waffenstillstand geschlossen worden, der Friedensverhandlungen mit Frankreich einleiten sollte, während sich die Feindseligkeiten mit den Österreichern fortsetzten. Im April 1795 wurde Soults Division bei der Belagerung der Festung Luxemburg eingesetzt, die erst im Juni des Jahres eingenommen wurde. Zeitweise war Soult nun auch schon stellvertretend mit der Führung einer Division beauftragt worden. Bei den dann folgenden Kämpfen um Mainz zeichnete sich Soults Bruder Pierre-Benoit besonders aus, der als Adjutant bei seinem Bruder Dienst tat. Im Januar 1796 errichtete Soult sein Hauptquartier in Uerdingen bei Krefeld, von wo aus er eine Woche später den Rhein bei Düsseldorf überschritt und in das Bergische Land vorrückte.

Dort sollte es zu jener Begegnung kommen, die Soult in seinen Erinnerungen später die wichtigste und glücklichste in seinem Leben genannt hat. In den Jahren nach der Hochzeit hat Louise ihren jungen Ehemann auf den Feldzügen und in wechselnden Kommandostellen oft begleitet. Darüber berichtet das Reisetagebuch, das Louise seit ihrer Ehe geführt hat, und dessen Eintragungen sie erst kurz vor der Geburt ihres ersten Kindes, des Sohnes Napoléon-Hector, zum Zeitpunkt des Einzuges in ihre Pariser Wohnung 1802 beendet hat. Aus diesem Tagebuch geht hervor, dass die junge Ehefrau sich immer in erreichbarer Nähe zu ihrem Mann aufhielt, mit dem sie mal kürzer und mal länger zusammentreffen konnte.

Inzwischen wurde der erste Koalitionskrieg, aus dem Preußen im Frieden von Basel (5.4.1795) und dann auch alle Staaten Nord- und Mitteldeutschlands und Spanien ausgeschieden waren, gegen England und Österreich fortgesetzt. In Paris war nach der Verabschiedung einer neuen Verfassung (22.8.1795) und der Bildung eines Direktoriums der Republik das »Volksheer« geschaffen worden, das unter den Generälen Moreau und Jourdan in Franken und Bayern gegen die Österreicher unter Erzherzog Karl geführt wurde. Gleichzeitig führte der General Bonaparte eine Armee gegen die österreichischen Territorien in Norditalien. Zwar gelang es dem Erzherzog Karl, die französischen Truppen über den Rhein zurückzudrängen, doch kriegsentscheidend wurden die Siege Bonapartes in Italien, die am 27. Oktober 1797 zum Frieden von Campoformio führten, mit dem der erste Koalitionskrieg endete. Nur England setzte noch den Krieg zur See fort.

General Soult focht in dieser Phase des Krieges unter General Jourdan, der bei Wetzlar zum Rückzug gezwungen wurde, jedoch noch den Vormarsch der Armee Moreau hatte absichern können. Zu Beginn des Jahres 1798 wurde Soult von der Rheinarmee nach Flandern versetzt, wo unter General Desaix eine Armee zur Bedrohung Englands aufgestellt wurde, während das Direktorium eine Expedition nach Ägypten ausrüstete, die die Verbindungswege der Engländer nach Asien blockieren, aber auch Frankreich einen Ausgleich für die an England verlorenen Kolonien schaffen sollte. Den Oberbefehl erhielt der General Bonaparte, der noch 1795 eine Erhebung der Royalisten in Paris niedergeschlagen hatte. In der Reaktion auf Bonapartes Eroberung von Malta und seine Landung in Ägypten brach wiederum der Krieg aus, zu welchem sich nun Russland, Österreich und das Königreich Neapel mit England vereinigt hatten, während Bonaparte nach der Vernichtung seiner Invasionsflotte bei Aboukier durch Admiral Nelson von Europa abgeschnitten wurde. Schon im August 1798 wurde Soult an den Rhein zurückbefohlen. Nach der Eroberung der Festung Ehrenbreitstein durch Soult im Januar 1799 konnte der General sich wieder im März desselben Jahres im Verband der Armee des Generals Jourdan südlich der Donau in den Kämpfen bei Ostrach, Liptingen und Stockach gegen die Österreicher unter Erzherzog Karl und danach auf dem Rückzug der Armee auf den Rhein auszeichnen, an der Spitze einer Division, die er nach der Verwundung des Generals Lefebvre unvorbereitet übernommen hatte.

1799 zum Divisionsgeneral ernannt, wurde Soult zur »Armee von Helvetien« versetzt. Die Schweiz war 1798 nach dem Einmarsch französischer Truppen als Helvetische Republik »zum Satellitenstaat der Französischen Republik« gemacht worden. Als indessen 1799 russische und österreichische Truppen die Schweiz zu befreien suchten, rückte unter General Masséna eine französische »Armee von Helvetien« ein, der es im September 1799 gelang, die Russen unter Suworow und Korsakow zu schlagen. Und wiederum konnte sich Soult als Divisionskommandeur in dieser Armee in der zweiten Schlacht bei Zürich besonders auszeichnen. Soult sah sich damals auch der schwierigen Aufgabe gegenüber, Schweizer Aufständische gegen die französische Besatzung zu entwaffnen, eine Aufgabe, die er mit viel Geschick gelöst hat. Es gelang ihm, eine Erhebung gegen die Franzosen im Kanton Schwyz ohne Gewaltanwendung zu entwaffnen. Dies geschah gegen die Warnung Massénas, der Misstrauen angeraten hatte. Soult hatte für diese Aktion seiner Truppe die Einhaltung striktester Disziplin gegenüber der Bevölkerung befohlen. In dieser Zeit entstand eine enge Freundschaft zwischen Soult und Masséna, die lebenslang dauern sollte. Nach dem Ende der Kämpfe in der Schweiz hat der junge Generalleutnant mit seiner Frau für kurze Zeit seine Heimat aufsuchen können.

Ende Dezember 1799 verließ Soult begleitet von seiner Frau, die sich in Straßburg aufgehalten hatte, Rheinfelden, um nach Saint-Amans heimzukehren, das er seit fast 12 Jahren nicht mehr gesehen hatte und das seine junge Frau noch nicht kannte. Das Ehepaar hat seinen Heimaturlaub überraschender Weise nicht dazu benutzt, einen Abstecher nach Paris zu machen, wo inzwischen politische Veränderungen eingetreten waren. Dort hatte der General Bonaparte nach einer eiligen Abreise aus Ägypten durch einen Staatsstreich das Direktorium der Republik beseitigt und war mit dem Abbé Sieyes und Roger Ducos zusammen als Erster Konsul im November 1799 an die Spitze der Republik getreten. Soult hat also nicht, wie zu erwarten gewesen wäre, dem Ersten Konsul Bonaparte seine Aufwartung gemacht und einflussreiche Kreise in Paris kontaktiert, sondern hat Saint-Amans direkt aufgesucht. Dort lebten noch seine Mutter und seine Schwester Marie-

Sophie. Der jüngste Bruder stand bei der Marine. Das Notariat des Vaters war verkauft worden, und das Haus der Familie stand unter strenger Aufsicht der so genannten »Volksgesellschaft«, die im Departement die Nationalagenten des Konvents in der politischen Überwachung der Bürger unterstützte. Man hatte im Hause Verdächtige und Proskribierte unterstützt. Der Abbé Soult, ein Onkel des Generals, der nicht, wie im November 1790 gefordert, den Eid auf die Verfassung abgelegt hatte, zelebrierte heimlich eine Messe und war im Mai 1794 verhaftet und in Toulouse eingesperrt worden.

Doch schon einen Monat nach seiner Ankunft in Saint-Amans traf dort im Januar 1800 ein Kurier ein, der dem General den Befehl Massénas überbrachte, sich umgehend zur Italienarmee zu begeben. Soult reiste sofort ab, während seine Frau in Saint-Amans zurück blieb. Die französische Italienarmee befand sich Ende des Jahres 1799 in einem desaströsen Zustand. Nach der Niederlage des Generals Joubert bei Novi war sie aus fast allen Stellungen in der Republik Ligurien, die 1798 gebildet worden war, verdrängt worden. Nur an der Küste konnte sie sich gegen die Österreicher unter General Mélas behaupten. Genua wurde von diesem eingeschlossen und musste aus Mangel an Vorräten kapitulieren, bevor der erst im Juni 1800 in Mailand eintreffende Bonaparte zu Hilfe kommen konnte. Soult wurde am 13. Mai 1800 bei Savona am Bein verwundet und geriet in Gefangenschaft, aus der ihn erst, nach dem Sieg Napoleons bei Marengo am 14. Juni 1800 über die Österreicher und einem Waffenstillstand, ein Austausch mit einem österreichischen General und das Versprechen, nicht gegen Österreich zu kämpfen, befreite. Auf die Nachricht von seiner Verwundung war seine Ehefrau Louise sofort von Saint-Amans zu ihm gereist. Gemeinsam mit ihr zog Soult sich zunächst nach Acqui nordwestlich von Genua zur Heilung seiner Verwundung zurück.

Erst im Februar 1801 kam es zum Friedensschluss von Luneville mit Österreich, nachdem noch im Dezember 1800 General Moreau den Erzherzog Johann bei Hohenlinden geschlagen hatte. Nun zerfiel auch die Koalition, aus der sich Russland 1801 zurückzog. Nach längeren Verhandlungen konnte im März 1802 der 2. Koalitionskrieg zwischen Frankreich und England im Frieden von Amiens beendet werden. Zu diesem Zeitpunkt befand sich Soult längst in einer neuen Verwendung. Noch während er sich zur Genesung mit seiner Ehefrau in Acqui aufhielt, war er von Masséna und anderen Kameraden vergeblich gedrängt worden, nach Paris zu kommen, um in näheren Kontakt zum Ersten Konsul Bonaparte zu treten, der offenbar schon ein Auge auf Soult geworfen hatte. Masséna empfahl ihn bei Napoleon als »Mann mit Kopf und Herz, wie er keinen besseren kenne«. Obwohl Soult Bonaparte damals noch nicht kannte, zog er es vor, in Italien auf eine neue Verwendung zu warten. Dabei mag eine Rolle gespielt haben, dass er seiner Verwundung am Bein wegen eine lange Reise gescheut hat. Näher liegt aber auch die Vermutung, dass Soult in Paris nicht in das politische Karussell geraten wollte, das er schon im Jahr zuvor gemieden hatte. Die Verhältnisse mögen ihm dort noch zu unübersichtlich erschienen sein.

Seine nächste dienstliche Verwendung erfolgte schon im August 1800, als er unter den Oberbefehl des Generals Brune in Turin trat. Ihm oblag dort einmal die Dislozierung der französischen Truppen in der durch Volksentscheid und mit Hilfe der französischen Regierung im Piemont nun geschaffenen »Cisalpinischen Republik«, als deren Präsident der Erste Konsul Napoleon Bonaparte im Januar 1802 gewählt wurde. Doch neben den administrativen Aufgaben musste Soult auch die Bevölkerung entwaffnen und Widerstandsgruppen bekämpfen, die mit Unterstützung Österreichs das Land in Unruhe versetzten.

Während dieser Vorgänge in Norditalien hatte der König von Neapel-Sizilien mit englischer Unterstützung Rom eingenommen und war in die Toskana eingerückt. Im Februar 1801 veranlasste der Erste Konsul den Kriegsminister, dem General Soult das Kommando über die Vorhut einer Beobachtungsarmee zu übertragen, deren Oberbefehl Murat, der Schwager Bonapartes, innehatte. Zweck der Aktion war, unter weitgehender Rücksichtnahme auf den Papst und auf Rom, die neapolitanischen Truppen zum Rückzug aus dem Kirchenstaat zu veranlassen, dann aber gegen das anglo-neapolitanische Bündnis vorzugehen und die Verbindung mit der von Bonaparte in Ägypten zurückgelassenen Armee wieder aufzunehmen, die jedoch noch im gleichen Jahr kapitulieren musste. Im März 1801 konnte mit dem König von Neapel ein Vertrag geschlossen werden, der den französischen Truppen mit Zustimmung des Königs die Besetzung bestimmter Orte im Königreich einräumte.

Im April zog Soult, der seine Frau in Florenz zurückließ, nach Süden mit der Vorhut und konnte alsbald Murat die Erreichung der vorgegebenen Ziele melden. Mit großer Umsicht hat Soult die Operation bis zum Golf von Tarent durchgeführt, während er eingehende Berichte über seine Beobachtungen an das Ministerium gesandt hat: über die Geographie, die Bevölkerung, den Zustand der Befestigungen und der Küsten, besonders solche im Bereich seiner Truppen, über die Regierung, die neapolitanischen Truppen, die Marine usw. Sogar Angaben über den Charakter der Einwohner fügte er bei. Die Sicherung der apulischen Küste konnte Soult in Zusammenarbeit mit dem Chef der französischen Flotte Admiral Villeneuve durchführen, der drei Fregatten in Tarent stationierte und bei Soult einen Marinestab zurückließ, bevor er zu neuen Aufgaben befohlen wurde. Im September 1801 erteilte der Kriegsminister Berthier Soult den Auftrag, bei der Suche nach Baumaterialien für die Befestigungsanlagen auf interessante Monumente für ein Antikenmuseum zu achten, während andererseits Soult und der Bevollmächtigte der französischen Regierung Alquier dem Oberbefehlshaber Murat melden mussten, dass der Hof von Neapel offenbar fortfuhr, die Engländer zu begünstigen, welche sich bemühten, das Volk gegen die französischen Truppen aufzuhetzen.

Vom Vertrauen Murats getragen und in enger Zusammenarbeit mit Alquier hat Soult seine schwierige Mission erfolgreich durchgeführt. Im Gebiet des Königreichs Neapel-Sizilien war französischer Einfluss zur Geltung zu bringen. Die Anerkennung seiner Vorgesetzten hat dann wohl dazu beigetragen, dass Soult mit

Wirkung vom 5. März 1802 zum *colonel général* der leichten Infanterie der neu geschaffenen Konsulargarde ernannt wurde, ohne selbst den Ersten Konsul schon gekannt zu haben. Mit dem Abschluss des Friedens von Amiens 1802 endete auch die Operation der Beobachtungsarmee im Königreich Neapel-Sizilien, die nach Turin zurückkehrte. Louise Soult, die ihrem Mann nach Tarent hatte folgen können, erwartete seit Anfang 1802 ihr erstes Kind nach sechs Jahren einer von häufigen Trennungen belasteten Ehe. Am 1. Mai verließ Madame Soult Tarent in Erwartung des Zusammentreffens mit ihrem Mann und um verschiedene Orte noch aufzusuchen. Alquier, stets zuvorkommend, hat damals dem General Soult versichert, seine Gemahlin trete »großartig« auf. Noch in Tarent hatte er ein Porträt *en camée* von ihr machen lassen. Soult selbst konnte seine militärisch wie diplomatisch diffizile Aufgabe als erfolgreich abgeschlossen ansehen.

Im Juni 1802 trat das Ehepaar Soult von Mailand aus die Reise nach Paris an, wo es in einen neuen Lebensabschnitt eintrat, nachdem es, mit Ausnahme einiger Wochen in Saint-Amans, keine andere Erfahrung gemacht hatte, als die jenseits der Grenzen. Sie kannten weder Paris noch den Ersten Konsul, noch die Regierungskreise. Der General war jedoch befreundet mit Lefebvre, einst sein Kommandeur nun Senator, mit Mortier, Masséna und anderen Mitgliedern des Offizierskorps, welche der Frieden wieder verfügbarer gemacht hatte und die sich in Paris aufhielten.

Seine Funktionen als Kommandierender General eines der vier Verbände der Konsulargarde beschäftigten

Soult während eines Jahres, ließen ihm jedoch genug Zeit, sich nach Jahren des Umherziehens mit der Einrichtung in einem Lebenskreis entsprechend seinen Begabungen und Interessen zu beschäftigen, welche ihn befriedigen konnten.

Diese Ernennung bestätigte eine Anerkennung seiner Fähigkeiten und seines Ansehens. Empfänglich für solche Auszeichnungen, war er übrigens schon seit seinem Aufenthalt in Apulien mit dem Plan der Organisation der Garde beschäftigt gewesen. Selbst *état-major* (Stabschef) befehligte Soult die Jägerbataillone der Gardeinfanterie. Neben ihm standen Davout, der die Fußgarde, Bessières, der die Gardekavallerie und Songis, der die Gardeartillerie kommandierte. Sie unterstanden direkt dem Ersten Konsul. Soults Dienstbezüge beliefen sich damals auf 6000 Francs je Trimester, häufig durch Ergänzungen der Bezüge vermehrt. Eine gewisse Zeit konnte Soult seinen Bruder Pierre-Benoit als Adjutant behalten, der im Dezember 1802 Oberst wurde.

Das Ehepaar erwarb nun ein Haus in Paris und ein Anwesen vor der Stadt, wodurch Soult in räumliche Nähe zum Ersten Konsul trat. Diese war notwendig für einen *cursus honorum*, der ausschließlich vom Wohlwollen Napoleon Bonapartes abhing.

Der General, der sich alsbald einer hohen Wertschätzung des Ersten Konsuls erfreute, entwickelte in Paris ein Beziehungsgeflecht in die elegante Gesellschaft hinein, und wurde dabei von seiner Frau unterstützt. Er versammelte aber auch eine Gruppe von Offizieren um sich, die ihm bei seinem weiteren Aufstieg hilfreich sein konnten. Auf die Chance dazu brauchte er auch nicht lange zu warten, nachdem er in den zehn Jahren seines Dienstes im Felde sich in jeglicher Hinsicht bewährt hatte.

Im August 1803 erhielt er das Kommando über das Feldlager von St. Omer. Vorausgegangen war der Bruch des Friedens von Amiens durch England, das sich weigerte, die Insel Malta dem Malteserorden wieder auszuliefern, die der General Bonaparte auf dem Zug nach Ägypten dem Orden abgewonnen hatte, die dann aber von den Engländern erobert worden war. Als Gegenleistung für die im Vertrag von Amiens vereinbarte Auslieferung Maltas forderte England die Räumung Hollands und der Schweiz durch die Franzosen. Ein vom Ersten Konsul vorgeschlagener Schiedsspruch unter den Staaten führte zum Bruch mit England. Bonaparte zog daraufhin eine Armee unter Soult, Davout und Ney an der Kanalküste zusammen wohl in der Absicht, eine Invasion Englands einzuleiten, während England eine neue Koalition zusammenzubringen suchte.

Währenddessen lief die Verfassungsentwicklung in Frankreich auf eine Monarchie hinaus, nachdem dem Ersten Konsul schon Vorrechte eingeräumt worden waren, die die parlamentarische Gewalt der Republik entscheidend schwächten.

Trotz eines erkennbaren Widerstandes gegen die Einführung von Livreen und einer Etikette am »Hof« des Ersten Konsuls und schließlich der Schaffung des Ordens der Ehrenlegion (1802) sowie einer Konsulargarde war die Entwicklung nicht mehr aufzuhalten. Als dann nach dem Bruch des Friedens von Amiens royalistische Komplotte gegen den Ersten Konsul aufgedeckt wurden, ließ dieser seinen militärischen und politischen Rivalen, den General Moreau, verhaften und im März 1804 den Herzog von Enghien, einen Bourbonen auf deutschem Boden, entführen und als angebliches Haupt der Verschwörer gegen die Republik in Valenciennes erschießen. Es war dann letztlich die Uneinigkeit der Verschwörer einerseits und der Wunsch nach einer Stabilität des Regimes andererseits, die zu dem Antrag führten, den Ersten Konsul Napoleon Bonaparte zum Kaiser der Franzosen und die kaiserliche Würde in seiner Familie für erblich zu erklären. Ein Plebiszit ergab dann eine überwältigende Mehrheit für diesen Antrag. Gedacht war mit der Kaiserproklamation nicht an eine Wiederbelebung des *Ancien Régime*, sondern an die Sicherung von Errungenschaften der Revolution.

So fand im Dezember 1804 in Notre Dame von Paris eine prunkvolle Zeremonie in Gegenwart des Papstes statt, bei der Napoleon sich und seiner Gemahlin die Krone auf das Haupt setzte. (Abb. 6 und 8) Der Vorgang erklärt sich aus dem Bemühen Napoleons, seinem Kaisertum die notwendige Legitimität zu verschaffen. Er mochte wohl glauben, nun von den übrigen Fürsten in Europa als ihresgleichen geachtet zu werden. Soult, der zu dieser Zeit noch bei der Armee an der Kanalküste stand und Napoleon eine Ergebenheitsadresse gesandt hatte, nahm an diesen Feierlichkeiten selbstverständlich teil. Durch Joseph Bonaparte, den älteren Bruder des Kaisers, erhielt er die Mitteilung seiner Ernennung zum *Maréchal de France*, die zusammen mit

13 anderen Offizieren am 19. Mai 1804 erfolgt war und bald darauf, mit der Ernennung zum Großoffizier der Ehrenlegion, deren Mitglied er schon seit 1803 war, die Ernennung zum Chef der 4. Cohorte der Legion. Den Empfang des *Grand Cordon* der Ehrenlegion im Lager von Boulogne 1805 hat der neue Marschall würdig gefeiert und dem Kaiser die Treue zum Souverän und zur neuen Verfassung versichert.

In dieser Zeit wurde Soult Freimaurer wie die Mehrheit der Mitglieder der Familie Bonaparte und der Marschälle. Er bekleidete hohe Ehrenämter und das des Zweiten Großaufsehers des Großkapitels der Großloge von Frankreich.

Soult hat die Zeit seines Kommandos an der Kanalküste dazu genutzt, die Truppen auszubilden und ihre Verbände zu stabilisieren durch ständige Übungen, die der Marschall bei Revuen überwachte und kontrollierte. Sowohl der Kriegsminister als auch Napoleon selbst haben sich wiederholt über den Stand der Ausbildung informiert und jeweils ihre besondere Zufriedenheit ausgedrückt. Die Erfolge der französischen Armee sind nach 1805 nicht zum wenigsten auf die Leistungen Soults im Lager von Boulogne zurückzuführen.

Während der Sammlung und Übung der Truppen im Lager von Boulogne wurde auf Befehl Napoleons dessen ältester Bruder Joseph der Armee dort als Oberst und Regimentskommandeur zugeteilt. Dieser nahm sich jedoch unter dem Vorwand, vom Kaiser dazu beurlaubt zu sein, die Freiheit, die Truppen für eine Reise zu verlassen. Als der Kaiser davon durch die Zeitungen

Kenntnis erhielt, erteilte er Soult, als dem dafür verantwortlichen Befehlshaber eine Rüge. Als Soult sich rechtfertigte und vom Kaiser rehabilitiert wurde, erhielt nun Joseph Bonaparte einen scharfen Verweis. Dieser Vorgang hat das Verhältnis zwischen dem Bruder des Kaisers und dem Marschall dauernd belastet, was sich später während des Spanienfeldzuges 1808 bis 1813 sehr unangenehm auswirkte, als Joseph Bonaparte dort König und Soult ihm zeitweise unterstellt war.

1804 wurde in Boulogne zu Ehren Napoleons eine Säule (la colonne de la Grande Armée) errichtet, zu deren Finanzierung die Soldaten auf einen Teil ihres Soldes verzichteten. Der untere Teil der Säule sollte mit bronzenen Relieftafeln zur Erinnerung an die Truppenübungen dekoriert werden. Soult wandte sich an den Kaiser mit der Bitte: »Sire, leihen Sie mir Bronze, ich werde sie auf dem Schlachtfeld zurückgeben.«

Die Häufung der Ehren, die Soult 1804/1805 erfuhr, war zweifellos eine Anerkennung seiner bisherigen Leistungen im Dienste Frankreichs, die ihn nun an die Spitze der militärischen Hierarchie trugen.

Doch Soults Stationierung im Lager von Boulogne sollte ein plötzliches Ende nehmen und damit auch der Plan einer Invasion Englands. Im August erfuhr Kaiser Napoleon vom Aufmarsch einer Koalition des Zaren Alexander von Rußland mit Kaiser Franz I. von Österreich und dem König von Schweden, die der englische Premierminister William Pitt zusammengeführt hatte. Um deren Offensive zuvorzukommen, verlegte der Kaiser sofort die Truppen von der Kanalküste an den Rhein, gegliedert in sieben Korps, deren viertes der

Marschall Soult führte. Den Oberbefehl übernahm Napoleon selbst. Soult traf, nach einem kurzen Aufenthalt in Paris, bei seinem Korps ein, das südlich Mainz stand. Am 26. September 1805 überschritt er den Rhein und konnte in raschem Vormarsch die österreichische Armee unter General Mack, der nach Westen vorgerückt war und bei Ulm stand, von Osten her durch die Einnahme von Augsburg und Memmingen umgehen. Durch den gleichzeitigen Vormarsch der übrigen Korps konnte General Mack von seinen Verbindungslinien nach Osten abgeschnitten werden und musste am 7. Oktober 1805 kapitulieren, während die russischen Verbündeten mit weiteren österreichischen Truppen erst heranrückten. Diese stellte Napoleon dann ostwärts von Brünn bei Austerlitz.

Am Vorabend der Schlacht, dem 1. Dezember 1805, ritt der Kaiser, begleitet von Soult, durch die Biwaks der Soldaten, die ihrem Kaiser begeistert mit Strohfackeln huldigten. Der Schlachttag selbst, der 2. Dezember, war der 1. Jahrestag der Kaiserkrönung Napoleons und er wurde zum glänzenden Sieg des Kaisers. In den erbitterten Kämpfen dieses Schlachttages stürmte Soults 4. Korps das Zentrum der russischen Stellung auf den Höhen von Pratzen, behauptete sie gegen heftige russische Gegenangriffe und nahm damit entscheidenden Anteil am Sieg der Franzosen. (Abb. 7 und 9) Schon am folgenden Tag, dem 3. Dezember, bat Kaiser Franz I. von Österreich um Frieden, der am 26. Dezember in Pressburg geschlossen wurde.

Nun konnte Soult dem Kaiser unter Hinweis auf die in Boulogne errichtete Erinnerungssäule schreiben:

»Ich hatte Bronze für die Säule ausgeliehen, heute gebe ich sie Ihnen nebst Zinsen zurück.« Das Bronzeband der bekannten Säule auf der Place Vendôme in Paris ist tatsächlich aus den in der Schlacht bei Austerlitz erbeuteten Kanonen gegossen worden. Ihr Relief illustriert die Geschichte vom Truppenlager in Boulogne bis zum Sieg bei Austerlitz.

Doch wenige Wochen vor der Schlacht bei Austerlitz schlug der englische Admiral Nelson die französisch-spanische Flotte am 21. Oktober 1805 vor dem Kap Trafalgar und machte damit jegliche Hoffnung Napoleons auf eine Invasion Englands zunichte. Preußen, wenngleich dem Zaren vertraglich zur Hilfeleistung verpflichtet, war der Koalition des Zaren mit Franz I. von Österreich ferngeblieben, sah sich nun aber nach dem Frieden von Pressburg Napoleon allein gegenüber, als dieser den Rheinbund gründete und damit das Heilige Römische Reich Deutscher Nation unter Kaiser Franz zur Auflösung brachte. Ein Ultimatum Preußens an Napoleon, die Gebiete rechts des Rheins zu räumen, führte am 7. August 1806 zum Kriege nun auch mit Preußen.

Napoleon stand damals mit seinen Truppen zwischen Main und Donau. Im September setzte der Kaiser seine Truppen durch den Thüringer Wald nach Norden sofort in Marsch und übernahm im Oktober 1806 selbst die Führung. Am 9. Oktober kam es zu ersten Kämpfen, und am 14. Oktober wurden die Preußen in der Doppelschlacht von Jena und Auerstedt geschlagen. Von den französischen Truppen verfolgt kapitulierten große Teile der preußischen Armee, nur wenige feste

Plätze behaupteten sich. Schon am 27. Oktober 1806 konnte Napoleon in Berlin einziehen.

Am 31. Oktober konnte Soult zusammen mit Bernadotte Blücher bei Lübeck zur Kapitulation zwingen.

Nach kurzer Winterpause setzte der Kaiser seine Operationen im Februar 1807 in Ostpreußen fort, wo inzwischen die verbündeten russischen Truppen eingetroffen waren. Eine Gefechtsberührung der Franzosen, in deren Verband auch Soults Korps stand, mit den Russen und einem preußischen Korps bei Preußisch-Eylau am 2. Februar 1807 blieb unentschieden. Wenig später zeichnete sich Soults Infanterie bei Heilsberg aus. Während der Kaiser der russischen Hauptarmee nachrückte, marschierte Soult auf Königsberg, das er belagerte und zur Kapitulation zwang, nachdem Napoleon bei Friedland am 16. Juni 1807 gesiegt hatte. Der nun folgende Frieden von Tilsit im Juli 1807 führte zu weitgehender Besetzung und Demobilisierung Preußens. Soult, der sich danach in Königsberg und Elbing aufhielt, oblagen dort Verhandlungen mit dem preußischen Gouverneur in Königsberg über die Festlegung der von den Franzosen zu besetzenden Orte, aber auch die Grenzziehung des neu gebildeten Großherzogtums Warschau und der Freien Stadt Danzig. Der Marschall erhielt während dieser Zeit, ebenso wie andere Marschälle, vom Kaiser eine große Dotation. Durch seinen Adjutanten, der Depeschen an den Zaren in Petersburg zu überbringen hatte, erhielt er Kenntnis von sehr schmeichelhaften Bemerkungen des Zaren über ihn und einen sehr huldvollen Brief samt einem mit Diamanten eingefassten Miniaturporträt des Zaren.

Etwa gleichzeitig mit seiner Ernennung zum Gouverneur von Berlin anstelle des Marschalls Victor erfolgte auch seine Erhebung zum Herzog von Dalmatien. Mit dieser Standeserhebung, die Napoleon auch anderen Marschällen und hohen Staatsbeamten zuteil werden ließ, schuf der Kaiser einen neuen Adel seines Kaiserreichs, den er mit dem Adel des *Ancien Régime* zu verschmelzen gedachte, eine Absicht, die indes nicht gelingen sollte. Soult hatte Dalmatien nie betreten und dort auch keinerlei Einkünfte besessen, wie solche grundsätzlich mit dem Titel verbunden waren. Sein Adjutant berichtet, der Marschall habe beim Empfang dieser Erhebung eine heftige Missstimmung empfunden, da sein Titel nicht an einen seiner militärischen Erfolge anknüpfte, wie zum Beispiel der des Marschalls Davout als Herzog von Auerstedt. Den ursprünglichen Vorschlag, Soult zum Duc d'Austerlitz zu erheben, hatte der Kaiser zurückgewiesen, der den Triumph des Sieges am Jahrestage seiner Krönung nicht zu teilen wünschte. Die Revenuen allerdings, die der Kaiser mit dem Titel verbunden hatte, entsprachen keineswegs ihrem angegebenen Wert. Solche Dotationen waren Ausdruck der Dankbarkeit des Herrschers, wie sie zu allen Zeiten erfolgreichen Feldherrn gewährt worden sind. Soult hat während des Kaiserreiches Dotationen in Höhe von insgesamt 305.777 Francs erhalten. Unter den 26 Marschällen Napoleons erhielten nur Berthier, Masséna, Davout und Ney höhere Dotationen als er.

Doch der Kaiser verfolgte inzwischen wieder neue Pläne. Schon 1806 hatte er von Berlin aus eine Kontinentalsperre gegen England verkündet mit dem Ziel, durch eine Handelssperre das seit Trafalgar militärisch unbesiegbare England in die Knie zu zwingen. Auch Zar Alexander hatte sich in Tilsit bereit erklärt, der Kontinentalsperre beizutreten. Napoleons Bruder Louis, der als König in Holland eingesetzt war, widersetzte sich den Regelungen des Kaisers und wurde daraufhin abgesetzt. Von anderen Schlupflöchern der Sperre abgesehen blieb aber vor allem Portugal auf dem Kontinent England seit je her als Handelspartner eng verbunden. Im Hinblick darauf entwickelte Napoleon schon bald nach seiner Rückreise aus Tilsit den Plan, die Regentschaft in Portugal zu stürzen und das Land unter seine Kontrolle zu bringen. Nach Absprache mit der Regierung in Madrid konnte schon im November 1807 ein französisch-spanisches Korps unter General Junot in Lissabon einziehen, von wo der Regent João VI. de Bragança gleichzeitig nach Brasilien abreiste. Nach Auflösung der portugiesischen Armee, die keinen Widerstand geleistet hatte, und der Einführung einer französischen Militärverwaltung, erhob sich sogleich der Volkswiderstand in der Form eines Partisanenkrieges. Und als sich dann auch Spanien nicht im Sinne Napoleons an der Kontinentalsperre beteiligte, nützte der Kaiser eine Krise in der spanischen Königsfamilie und nötigte diese zur Abdankung. Eine französische Armee unter Murat nahm im März 1808 Madrid ein, wo der Kaiser seinen Bruder Joseph im Mai zum König proklamieren ließ. Nachdem schon im März Aufstände der Spanier gegen die Franzosen aufgeflackert waren, überzog gegen Ende des Mai eine Woge des Terrors das Land, als allenthalben spanische Kollaborateure und einzelne

Franzosen ermordet wurden. Es bildete sich eine provisorische Regierung in Cadiz als zentrale Junta, die am 20. Juli 1808 Frankreich den Krieg erklärte und die königlich spanische Armee zum Widerstand aufrief. Zwar konnten die französischen Truppen noch im Juli 1808 zwei spanische Armeen schlagen und Joseph Bonaparte nach Madrid führen, doch noch im gleichen Monat kapitulierte ein französisches Corps bei Bailen in Andalusien vor den spanischen Truppen. Im August musste Joseph Madrid wieder verlassen und sich nach Norden zurückziehen. Als im August 1808 ein englisches Korps unter Wellington in Lissabon landete und General Junot entscheidend schlagen konnte, entschied sich Napoleon in Spanien persönlich einzugreifen. Er zog eine große Armee zusammen, an deren Spitze er sich selbst stellte und in Spanien einrückte, um den Bruder aus seiner Bedrängnis zu befreien.

Zuvor hatte der Kaiser im September 1808 ein Gipfeltreffen in Erfurt arrangiert, bei welchem er Zar Alexander I. und 33 deutsche Fürsten empfing. Ziel des Kaisers war wohl die Abgrenzung der gegenseitigen Interessenssphären mit dem Zaren, vor allem aber sich die Rückenfreiheit gegenüber Österreich und Preußen für sein Eingreifen in Spanien mithilfe des Zaren zu sichern. Soult wurde die ehrenvolle Aufgabe zuteil, den Zaren auf der Durchreise in Küstrin an der Oder mit einer Parade französischer Truppen in Empfang zu nehmen. Danach hat Soult auch am Kongress in Erfurt teilgenommen und dort schon ein Gespräch mit dem Kaiser über die Lage in Spanien geführt. Bald nach seiner Rückkehr nach Berlin erhielt er Ordre, sich nach

Bayonne zu begeben. Vor seiner Abreise dorthin hat der Marschall den Kaiser um Urlaub gebeten, um seine alte Mutter in Saint-Amans zu besuchen. Der gab die Erlaubnis unter der Bedingung, dass der Besuch nur einen Tag dauere, da man »in zwei oder drei Stunden alles besprechen« könne. Soult hat sich damals wohl nicht vorstellen können, dass die Trennung von Frau und Kindern fast $4^1/_2$ Jahre dauern würde. Die Briefe zwischen den Eheleuten, die zum Beispiel auch Einzelheiten der Erziehung des Sohnes betrafen, zeugen in dieser Zeit indes von der weiterhin engen Beziehung zwischen beiden.

In den ersten Tagen des Novembers brach er mit dem Kaiser zusammen von Bayonne auf. Mit ihnen reisten die Marschälle Berthier, der Stabschef des Kaisers, und Lannes nach Spanien, wo sie am 7. November in Vitoria eintrafen und Soult das Kommando über das 4. Korps übernahm. Mit Überschreiten des Ebro ging Napoleon sofort zum Angriff über, und schon am 10. November konnte Soult Burgos einnehmen. Während Teile der »Armee von Spanien« nach Nordwesten vorstießen, andere nach Osten, konnte der Kaiser am 4. Dezember Madrid einnehmen. Doch wenn der Kaiser geglaubt hatte, mit der Eroberung Madrids den Feldzug nahezu abgeschlossen zu haben, erwies sich dies als gefährlicher Irrtum. Der englische General Moore, der Wellington abgelöst hatte, stieß von Salamanca aus auf Burgos vor, wo er Soult auf dem Marsch nach Westen zu überraschen hoffte. Doch Soult reagierte rechtzeitig und der Kaiser brach sofort seine Operationen im Süden Spaniens ab, um Moore, der sich nach Nordwesten in Richtung auf die Küste zurückzog noch zu stellen und zu vernichten. Doch weder konnte der Kaiser Moore stellen, noch Soult ihn an der Evakuierung seiner Truppen aus Spanien hindern. Um den Preis des eigenen Lebens gelang Moore im Kampf in La Coruña die Einschiffung seiner Truppen, während Soult La Coruña und Ferrol besetzte. (Abb. 11)

Zu diesem Zeitpunkt hatte der Kaiser Spanien bereits verlassen auf Nachrichten aus Paris hin, die ihm Kenntnis gaben von einer allerdings rasch beendeten Verschwörung gegen ihn, vor allem aber von Kriegsrüstungen der Österreicher gegen Frankreich. In Spanien hatte Napoleon Soult noch den Befehl erteilt, Portugal zu besetzen. Trotz personeller Schwächung seiner Truppen gelang es Soult, nach Gefechten mit spanischen und portugiesischen Truppen in Galicien und Nordportugal, bis Ende März Oporto einzunehmen und Portugal bis zum Duero unter seine Kontrolle zu bringen. In relativ sehr kurzer Zeit muss der Marschall in Nordportugal das Vertrauen der Bevölkerung gewonnen haben. Im Vergleich zur Lage vor dem Einzug Soults im Land, das nach der Abreise des Prinzregenten von einer Junta regiert wurde, war die Verwaltung, die Soult aufzog, so vorteilhaft für die Bevölkerung, dass sich deren Häupter entschlossen haben sollen, dem Marschall das Anerbieten zu machen, als König an die Spitze der eroberten Provinzen zu treten. Die Nachricht davon erregte im französischen Offizierskorps natürlich Aufsehen. Der General Marbot überliefert in seinen Memoiren ein Gespräch zwischen ihm und dem Generalleutnant Pierre-Benoit Soult, wonach der Bruder des Marschalls auf Befragen ausgesagt habe, der Marschall habe diesen

Antrag nicht direkt abgelehnt in der Annahme, er könne die Krone, vorbehaltlich der Zustimmung des Kaisers, annehmen zum Zweck einer Trennung Portugals von England und einer engeren Bindung an Frankreich. Eine letzte Gewissheit über diesen Vorgang ist freilich nicht zu gewinnen, da der Kaiser selbst niemals dazu Stellung genommen hat. Unwillkürlich wird man hierbei an den Marschall Murat erinnert, den Napoleon zum König von Neapel erhob, als sein Bruder Joseph 1808 König von Spanien wurde, und an Marschall Bernadotte, der 1810 mit Zustimmung des Kaisers vom schwedischen Reichstag zum Kronprinzen und Thronfolger in Schweden gewählt wurde. Beide waren freilich dem Hause Bonaparte verwandtschaftlich verbunden: Murat war Schwager des Kaisers und Bernadottes Gemahlin war Schwägerin Joseph Bonapartes. Soult verfügte nicht über solche Beziehungen.

Doch Soults Aufenthalt in Portugal sollte nicht lange andauern. Im April 1809 landete Wellington wieder mit einem englischen Korps in Lissabon und griff schon im Mai Oporto an, das Soult aufgeben musste. Der Marschall zog sich über Galicien nach Kastilien zurück, während Wellington im Juli 1809 bei Talavera den Angriff der Franzosen unter Marschall Victor zurückschlagen konnte. Es trat nun deutlich zutage, dass nach der Abreise des Kaisers und dem Verlust eines einheitlichen Oberkommandos Reibereien unter den französischen Truppenführern effiziente Operationen gegen die Engländer, Spanier und Portugiesen behinderten. Erschwerend trat hinzu, dass außer den regulären englischen und spanischen Truppen fast die gesamte Bevölkerung teilweise durch den Klerus angeführt, aktiven Widerstand gegen die Franzosen und deren Kollaborateure leistete. Dieser von beiden Seiten mit Grausamkeit geführte Guerillakrieg erschwerte die Lage der Franzosen im Lande außerordentlich, weil er die Nachrichtenverbindung zwischen den Heeresteilen ständig bedrohte und einzelnen Soldaten praktisch keine Überlebenschance ließ.

Um die Kommandoverhältnisse in Spanien neu zu ordnen, wurde Soult im Oktober 1809 die Position des Oberbefehlshabers in Spanien übertragen. Im November konnte der Marschall die Spanier bei Ocaña schlagen, wodurch Madrid für König Joseph wieder zugänglich, aber auch der Zugang nach Andalusien geöffnet wurde und Badajoz und Olivenza eingenommen werden konnten. Schon zwei Monate nach seiner Ernennung zum Oberbefehlshaber wurde Soult dann aber zum Stabschef unter dem Oberbefehl König Josephs ernannt. Abgesehen von der Herabstufung Soults durch diese Maßnahme Napoleons war diese Kombination ein schwerer Missgriff des Kaisers, denn bei allen unbestreitbaren Qualitäten König Josephs fehlte ihm jegliche militärische Fähigkeit. Hinzu trat eine gegenseitige Abneigung, die sich in widersprüchlichen Befehlen an die Truppe auswirkte. Die militärische Alternative für die Franzosen bestand damals darin, entweder nach Portugal vorzustoßen und die Engländer zu vertreiben, oder nach Andalusien vorzudringen, um die in Cadiz sitzende spanische Junta zur Kapitulation zu zwingen. König Joseph entschied sich für Andalusien, marschierte aber nicht direkt nach Cadiz, wo sich die Junta eben mit Hilfe der Engländer zu verschanzen begann, sondern besetzte erst Sevilla. Eine Proklamation Josephs an die Bevölkerung Andalusiens mit der Versicherung der territorialen Unversehrtheit Spaniens im Falle der Aufgabe seiner feindlichen Haltung gegen Frankreich durchkreuzte der Kaiser sofort durch die Errichtung von Militärregionen, in denen die Marschälle die praktische Herrschaft ausübten, über die sie König Joseph nur zu unterrichten hatten, der selber lediglich ein Viertel der Einkünfte aus den Regionen erhielt. Der Versuch König Josephs, im Mai 1811 persönlich in Paris die Rücknahme dieser Verfügungen zu erreichen, scheiterte. Noch 1810 hatte Napoleon nach dem Sieg über Österreich 1809 und dem Frieden von Wien noch einmal den Versuch gemacht, Portugal zu erobern. Doch auch dieser Versuch unter der Führung Massénas scheiterte endgültig im März 1811. Es waren dann unzweckmäßige Umgruppierungen, die es Wellington ermöglichten, die Initiative von Portugal aus zu ergreifen und nach Spanien vorzudringen. Dort konnte er den Nachfolger Massénas, den Marschall Marmont, schlagen und im August 1812 Madrid einnehmen. Um diese Zeit verschärften sich die Spannungen zwischen König Joseph und Marschall Soult so sehr, dass der König den Kaiser bat, Soult abzuberufen, was aber schroff abgelehnt wurde mit der Begründung, Soult sei der einzige militärische Kopf in Spanien und dort nicht zu ersetzen. Napoleon befand sich damals im Krieg mit dem Zaren, zu welchem Zweck auch erhebliche Kräfte aus Spanien abgezogen worden waren. Soult hat sich erst nach langem Zögern entschließen können, zu Lasten seiner Position in Andalusien Truppen zu anderen Verwendungen abzugeben, hat aber auch Freiwilligenverbände von Spaniern aufgestellt zur Unterstützung seiner Truppen, die sog. »escopiteros«. Es gelang ihm auch nicht, Wellington, der sich aus Madrid wieder zurückziehen musste, den Rückzug abzuschneiden.

Gegen Ende des Jahres 1812 bat der Marschall den Kaiser um einen Urlaub nach fast 5 Jahren eines schweren, aber auch komplizierten Dienstes in Spanien. Durch einen Adjutanten seines besonderen Vertrauens hat er dem Kaiser alle Schwierigkeiten seiner Position in Spanien erläutern lassen, für die der Kaiser Verständnis zeigte und ihm ausdrücklich sein Vertrauen aussprechen ließ. Der Kaiser hatte damals seinen desaströsen Rückzug aus Russland vollzogen und sah sich nunmehr der geschlossenen Front seiner Gegner gegenüber: Russland, England, Österreich, Preußen und Schweden, die sich zur Vernichtung Napoleons zusammengeschlossen hatten. Mitte März 1813 verließ Soult Spanien, um auf dem Wege nach Paris, wo man ihn schon erwartete, noch Louise, seine Mutter und die beiden Kinder nach Jahren der Trennung in die Arme zu schließen. Ein längeres Verweilen in Paris war Soult nicht vergönnt. Der Kriegsminister erteilte ihm Order, sich am 15. April in Mainz einzufinden. Kriegsschauplatz sollte Sachsen werden. Der Marschall erhielt das ehrenvolle Kommando über Teile der Alten Garde, mit der er bei Lützen auf die vereinigten Preußen und Russen traf, die der Kaiser am 2. Mai 1813 schlug. Der Tod des Marschall Bessières in der Schlacht hatte zur Folge, dass nun Soult das Kommando über die gesamte Garde erhielt. Drei Wochen später, am 21. Mai, konnte der Kaiser seine Gegner bei Bautzen erneut schlagen, wobei Soult wiederum hervorragenden Anteil hatte. Doch beide Siege konnten nicht zum vollen Erfolg ausgeweitet werden, weil dem Kaiser die dafür erforderliche Kavallerie fehlte, eine Folge der Überbeanspruchung der französischen Ressourcen. Am gleichen Tag konnte Wellington König Joseph bei Vitoria entscheidend schlagen, dessen Armee sich nun in Auflösung auf die französische Grenze zu bewegte. Die Nachricht von dieser Niederlage bewog den Kaiser, sofort den Marschall Soult zum Oberkommandierenden der Spanienarmee zu ernennen und zum Stellvertreter des Kaisers bei der Wiederherstellung der Abwehr an der Südgrenze des Reiches. In der Erkenntnis, dass die Fähigkeiten seines Bruders, den der Kriegsminister zwar ausdrücklich als geeignet für den Oberbefehl in Spanien qualifiziert hatte, für diese Stellung bei weitem nicht ausreichten, griff der Kaiser auf Soult zurück als denjenigen seiner Marschälle, der mit der Kriegsführung in Spanien seit langem vertraut war und auch die Verwaltung dort genau kannte. Louises Versuch, die Versetzung ihres Mannes beim Kaiser zu verhindern, scheiterte deswegen auch. Doch Napoleon stellte den bewährten Heerführer vor eine schier unlösbare Aufgabe: die Sammlung der bei Vitoria geschlagenen Armee und ihre Reorganisation zur Verteidigung der Südgrenze Frankreichs. Dabei war Soult durch eine mögliche Landung der Engländer bei Bordeaux auch von der Flanke her bedroht. Vor diese Alternative gestellt, nach Süden oder Nordwesten zu kämpfen, entschied sich der Marschall für den Süden. Er nahm seine Truppen schrittweise zurück und hat sie noch am

10. April 1814 bei Toulouse der überlegenen englisch-spanischen Armee zum Kampf gegenüberstellen können, zu einem Zeitpunkt, als Paris schon am 30. März vor den Alliierten kapituliert und Napoleon am 6. April abgedankt hatte. Erst am 17. April erhielt der Marschall die offizielle Meldung davon. Am 18. April hat er dann die Befehle zur Einstellung der Kampfhandlungen gegeben. Die Schlacht bei Toulouse, die nicht mehr gewonnen werden konnte, war ein besonderes Ruhmesblatt des Marschalls, wie überhaupt der Rückzug der Franzosen aus Spanien über die Pyrenäen unter dem hinhaltenden Widerstand unter dem Kommando Soults eine glänzende militärische Leistung war, die das Vertrauen des Kaisers und dessen umfassende Vollmachten für Soult vollkommen gerechtfertigt haben.

Am 22. April 1814 nahm der Marschall Abschied von der Armee mit einer Parade an seinem Hauptquartier in Castres, wo Marschall Suchet das Kommando übernahm. Nach Paris zurückgekehrt, wo Ludwig XVIII. nach der Abdankung Napoleons am 3. Mai 1814 die Herrschaft angetreten hatte, misstraute man ihm dort zunächst wegen der Verspätung, mit der er seine Unterwerfung unter die Herrschaft der Bourbonen nun vollzog. Im Juni 1814 wurde er jedoch zum Generalleutnant des Königsreichs und zum Chef der 3. Division in Rennes ernannt. In der Dienststellung des Generalleutnants des Königreiches behielt er weiterhin den Dienstrang des Marschalls.

Es fiel ihm schwer, sich einer Restauration der Bourbonen im Stil des *Ancien Régime* zu beugen. Die Angriffe seiner Gegner in Paris erzeugten darüber hinaus bei ihm eine Antipathie gegen die Personen und die Prinzipien der Restauration. Nichts blieb ihm erspart: Verdächtigungen, Verleumdungen, Ungerechtigkeiten, welcher Art auch immer, und schließlich auch Pamphlete gegen ihn, die Seinen und seine Freunde. Alles typische Reaktionen der Schar seiner Neider und Konkurrenten gegen den einst Mächtigen und nun Gestürzten. Dabei hatte er in seiner Funktion als Kommandeur in Rennes vorgeschlagen, dort zu Ehren der Toten ein Denkmal zu errichten, die anlässlich der gescheiterten royalistischen Invasion 1795 in Quibéron gefallen waren.

Zur allgemeinen Überraschung wurde Soult dann aber am 3. Dezember 1814 zum Kriegsminister ernannt. Diese Wahl, so schrieb der damalige Publizist und spätere Politiker Thiers, erfüllte die Öffentlichkeit mit Überraschung, den Hof mit Freude und Hoffnung. Über seinen früheren Adjutanten, den damaligen General Brun de Villeret, und dessen emigrierten Schwiegervater de Bruges entwickelten sich Beziehungen zum Hof Ludwigs XVIII. und dessen Bruder, dem Grafen von Artois, durch die der Marschall nach dem Abgang des als Kriegsminister gescheiterten Generals Dupont bei Hofe ins Gespräch gebracht worden war.

Soult berief sofort Brun de Villeret zum Generalsekretär im Ministerium. Dupont hatte in seinem Amt große Geschäftsbereiche hinterlassen, denen sich der Marschall nun voll und ganz widmete. In enger Zusammenarbeit mit dem Generalsekretär bearbeitete Soult alle anliegenden Probleme, über die er abends dem König vortrug. Und es waren in der Tat eine Fülle: solche des Etats, des Personals, der Organisation der Armee und der Reintegration emigrierter Offiziere in die Armee, deren Gegner sie in den Kriegen Napoleons gegen die Alliierten gewesen waren. Ein sehr schwieriges Problem war die Besoldung der Armee, deren Etat dafür bei weitem nicht ausreichte. Die Tatsache freilich, dass Soult in der Armee grundsätzlich ein hohes Ansehen besaß, mag am Hofe Ludwigs XVIII. ausschlaggebend für seine Berufung in dieses sehr schwierige Amt gewesen sein. Vor allem aber hat der Marschall damals ein auf Gegenseitigkeit beruhendes Vertrauen des Königs und seines Bruders, des Grafen vor Artois, gewonnen. Es war insgesamt eine Zeit intensiver Arbeit, eine Zeit der Turbulenzen, aber dann auch fortgesetzter Intrigen. Sie führten am 10. März 1815 letztlich zu Soults Entlassung zu einem Zeitpunkt, als Napoleon schon Elba, seinen Verbannungsort, verlassen hatte und auf Paris vorrückte. Soult hatte noch einen Aufruf an die Armee erlassen, in dem er sie zum Widerstand gegen den »Usurpator« Napoleon aufforderte, dann seine Entlassung eingereicht und sich mit seiner Familie nach Villeneuve-l'Étang zurückgezogen.

Wenige Tage später traf Napleon in Paris ein, der alsbald Soult aufforderte, zu ihm zu kommen. Erst auf wiederholtes Drängen Napoleons erklärte Soult sich bereit, an die Seite des Kaisers zu treten, der ihn zum *major général* (Stabschef) ernannte. In einem Gespräch unter vier Augen hat Soult Napoleon allerdings eingestanden, dass er ein ganz persönliches Vertrauensverhältnis zu König Ludwig XVIII. habe. Napoleon hat diesen Übertritt des Marschalls auf seine Seite nie als Verrat an Ludwig XVIII. gewertet.

In den nun folgenden »100 Tagen« der Rückkehr des Kaisers Napoleon nach Frankreich hat der Marschall an dem Sieg über die Preußen bei Ligny und der Niederlage gegen Wellington bei Waterloo teilgenommen, ohne dass freilich seine Ratschläge für den Feldzug Napoleons berücksichtigt worden sind. Im Gegenteil: als Soult dem Kaiser zur Vorsicht gegen Wellington riet, legte dieser ihm das als Furcht aus, die Soult seit dem spanischen Feldzug vor Wellington empfinde. Nach der Niederlage bei Waterloo und der zweiten Abdankung des Kaisers am 22. Juni 1815 kehrte der Marschall nach Paris zurück, während Marschall Grouchy die Reste der Armee, die Soult in Laon gesammelt hatte, zurückführte. In Paris trat am 1. Juli ein Kriegsrat der Marschälle und Generäle vor der Kommission der provisorischen Regierung zusammen, in welchem Soult von einer Verteidigung von Paris abriet. Danach verließ er die Hauptstadt in der Absicht, den Herzog von Angoulême zu treffen und dann auch Brun de Villeret. Er glaubte sich sicher vor Sanktionen des Königs Ludwigs XVIII., dessen schon von Cambray aus erlassenen Proklamationen solche nur Kollaborateuren androhten, zu denen Soult sich nicht rechnete. Er sollte sich irren. Schon auf seiner Reise nach Südfrankreich geriet er in eine Atmosphäre einer heftigen royalistischen Reaktion, die noch im selben Monat dem Marschall Brune in Avignon das Leben kosten sollte. Bei Lozère wurde Soult aufgegriffen und in der dortigen Präfektur bis zum 7. August festgehalten. Der Versuch, seine Befreiung durch Fouché, den Vorsitzenden der provisorischen Regierung, und den Marschall Gouvion Saint-

Cyr, den Kriegsminister, zu erreichen, war ergebnislos. Auch der Herzog von Angoulême, Sohn des Grafen von Artois, informiert von Soults Haft, hüllte sich in Schweigen. Währenddessen hatten die Güter des Marschalls in Villeneuve unter den Kontributionen und Verwüstungen der alliierten Besatzungstruppen zu leiden. Soult hat die Zeit damals genutzt, um an einer Rechtfertigungsschrift zu arbeiten.

Aufgrund einer Verfügung vom 24. Juli 1815 erhielt der Marschall dann die Weisung, sich an einen vom Polizeiminister bezeichneten Ort zu begeben und dort die Entscheidungen der Kammer abzuwarten. In Saint-Amans wurde er unter genaue Beobachtung gestellt. Zu diesen persönlichen Beschränkungen traten noch materielle Schwierigkeiten. Der Präfekt des Departements forderte von ihm eine Beteiligung an der Kriegsentschädigung, die das Departement an die Alliierten zu zahlen hatte, wozu der Marschall außerstande war.

Noblesse oblige

Als sich der General mit seiner Frau Louise im Sommer 1802 in Paris niederließ, hatten die beiden einen großen Teil der sechs Ehejahre getrennt verbracht; oft aber hatte sie ihn besucht. Die beiden kannten – wie bereits erwähnt – zum Zeitpunkt ihrer Ankunft am 12. Juni weder die französische Hauptstadt noch den Konsul Napoleon noch die engeren Regierungskreise. Zwar war Soult mit den hohen Militärs wie Lefebvre, Masséna und Mortier befreundet, sie standen dem Konsul nahe, aber er selbst war bislang Napoleon nie persönlich begegnet. Diese Tatsache ist umso erstaunlicher, als es bei ehrgeizigen Soldaten der Karriere wegen üblich war, sich in Paris selbst blicken zu lassen. Nicht so Jean de Dieu Soult. Er hatte es im Gegensatz zu anderen Generälen bisher nie für nötig gehalten, sich in der Hauptstadt aufzuhalten, was nach seinen militärischen Erfolgen in der Schweiz und im Piemont durchaus geboten gewesen wäre. Denn, so bemerkte sein Adjutant Auguste Petiet eines Tages treffend: »Die Herrschenden erinnern sich nur mit Hilfe ihrer Augen.«[4]

Es galt nun, da Louise ihr erstes Kind erwartete, für die wachsende Familie ein Heim zu finden. Sie bezogen zunächst ein Haus in der Rue Caumartin 742, nicht weit von der Place Vendôme. Doch die hohe Stellung Soults als einer der vier Generäle in Napoleons Garde verlangte bald nach einer repräsentativeren Unterkunft. Man fand diese in unmittelbarer Nachbarschaft des Konsuls und erwarb ein Landhaus vor den Toren von Paris, in Villeneuve-l'Étang, direkt neben dem Park von Saint-Cloud.

Das Anwesen bestand aus einem zweigeschossigen Haupthaus mit Schieferdach, dessen Mauern auf einem Fundament aus großen Quadern ruhten. Ein eingeschossiger Anbau schloss sich an, darin befanden sich Zimmer für das Hauspersonal, eine Küche sowie Pferde- und Kuhställe. An der Pforte zum Park stand ein kleines Häuschen für den Concierge. Die Zimmer des Haupthauses waren mit Holz getäfelt und hatten marmorne Kamine. Wassertanks und -leitungen bürgten für einen gewissen Komfort. Vor dem Haupthaus erstreckte sich eine Wiese, die durch ein schmiedeeisernes Tor vom Park von Saint-Cloud getrennt war.

Hinter dem Haus erstreckten sich die Gärten. Inmitten des Gemüsegartens stand ein Brunnen, den angrenzenden Ziergarten schmückten exotische Bäume, ein kleines Belvedere und ein Gewächshaus. Ein Obstgarten von einem Hektar Größe schloss sich an, dahinter ein Park von vierzehn Hektar mit drei Seen und diversen Kanälen. Soult konnte das Anwesen zum stattlichen Preis von 270.000 Francs erwerben. Soult und Louise nannten es bescheiden »*l'Étang*« (der Teich) und haben es in den folgenden Jahren ständig erweitert (Abb. 12). Der General ließ es sich nicht nehmen, seiner Gattin aus dem Felde wichtige Anweisungen für die Gestaltung des Landsitzes zu geben. So verlangte er beispielsweise im Jahre 1807, als er in Königsberg weilte, man möge den großen See reinigen lassen, die Ställe reparieren, eine Orangerie bauen und spezielle

Bäume pflanzen, deren Samen er aus dem fernen Ostpreußen schickte.

L'Étang, das Anwesen von Villeneuve, wurde zum Lebensmittelpunkt des Generals und seiner Frau. Hier verbrachten sie zusammen glückliche Zeiten, auch noch während des einstweiligen Ruhestandes Soults im Jahre 1815 und nach seiner Rückkehr aus dem Exil 1819.

Im September 1802 zogen sie auch aus der Pariser Stadtwohnung in eine geräumigere am Quai Voltaire 3. Hier wurde am 18. September der Sohn Napoléon-Hector geboren, dessen Vorname eine Ehrbezeugung gegenüber dem Ersten Konsul war. (Abb. 15) Napoleon Bonaparte und seine Frau Joséphine waren die Paten. Gemeinsam mit den Töchtern Joseph Bonapartes und den Söhnen Louis Bonapartes wurde Napoléon-Hector am 12. Dezember 1802 im Schloß von Saint-Cloud vom Kardinal Caprara, dem Legaten des Papstes, getauft. In knapp einem halben Jahr war eine bemerkenswert enge Beziehung zwischen der Familie des Generals und der des Ersten Konsuls entstanden.

Auch in der Stadt verlangte Soults Stellung nach einem herrschaftlicheren Haus, das vor allem eine Bedingung erfüllen musste: unmittelbare Nähe zu den Mächtigen. So bezog die Familie im Februar 1803 ein Palais in der Rue de l'Université 291 mit einer Grundfläche von 4.349 qm zum Preis von 120.000 Francs. Dies ehemalige Palais des Fürsten von Chalais war während der Revolution unter die Zwangsverwaltung des Département Seine gestellt und später dem Arzt Lasserre zuerkannt worden, der es an Jean-Hyacinthe Langlois verkaufte. Zum Zeitpunkt des Erwerbs durch den General beherbergte das Anwesen zahlreiche Mieter, unter ihnen den General comte de Dumas, der, ähnlich wie Soult, zwischen 1773 und 1818 eine militärische und politische Karriere als Minister durchlief. Auf der Rückseite des Palais befand sich ein schon in damaliger Zeit für die Stadt ungewöhnlich großer Garten.

Gestaltung, Ausstattung und Bewirtschaftung beider Anwesen oblagen Louise. Die nötigen Arbeiten an beiden Häusern wurden dem Architekten Henri Trou übertragen. Er erneuerte Dach, Gesims und Leitungen in Villeneuve-l'Étang und veranlasste zahlreiche Maurerarbeiten im Stadtpalais. Henri Trou ließ die Arbeiten allerdings nicht immer zur vollen Zufriedenheit des Generals ausführen, denn Soult tadelte im Winter 1806/1807 aus dem polnischen Prasnitz, der Architekt sei ein »schlechter und verschwenderischer Maurer«. Soult befasste sich im Winterlager eingehend mit den Plänen des Pariser Stadthauses und schilderte seiner Frau seine Vorstellungen bezüglich der Innenarchitektur. Das Vorzimmer möge doch bitte viereckig sein, und das Esszimmer solle besser durch eine Türe aus massivem Holz statt eines Stoffbehanges vom Salon getrennt werden. Alle anderen Entscheidungen über komfortable und stilvolle Gestaltung der Räume, Verteilung der zahlreichen Gemälde und Ausstattung des Haushalts überließ der General seiner Frau. Louise stellte eine große Zahl von Hausangestellten ein: einen Koch, ein Zimmermädchen, eine Kinderfrau, einen Portier, Stallburschen, Gärtner und Arbeiter. Im Garten von Étang wurden auch Saisonarbeiter beschäftigt.

Die Inneneinrichtung des Pariser Palais wurde ständig verfeinert. Der Goldschmied Odiot lieferte wertvolles Tafelsilber. »Mitbringsel« aus Italien zierten die Wände, darunter zwölf Gemälde aus der berühmten Galerie der Könige von Sardinien-Piemont in Turin. Soult hatte diese Bilder als Anerkennung für seine Erfolge in Genua von der französischen Verwaltung erhalten. Kleinode wie die fünf bemalten griechischen Vasen, die ein Freund der Familie, Alexandre Romieu, von den ionischen Inseln schickte, schmückten den Salon. Die umfangreiche Bibliothek des Generals zeugte von Bildung und Belesenheit des Autodidakten. Neben Büchern von Klassikern fanden sich auch Werke der Medizin und Geographie.

Die großen Häuser spiegelten den beruflichen Erfolg des Generals wider, der seine Karriere vor der Revolution und Napoleons Konsulat begonnen und bisher nie viel Wert auf die Gunst der Mächtigen gelegt hatte. Trotzdem gehörte Soult im Jahre 1803 zur engsten Umgebung des Ersten Konsuls. Er entwickelte ein dichtes Netz mondäner Beziehungen und es gelang ihm, eine Gruppe junger loyaler Offiziere um sich zu scharen.

Dennoch konnte ihn das gesellschaftliche Leben in der Hauptstadt nicht erfüllen. Im August 1803 verließ Soult Paris, um den Posten des Befehlshabers im Lager von Boulogne anzutreten. Dort blieb er bis zum Herbst 1805.

Die politischen Veränderungen in Paris 1804, die in der Proklamation Napoleons zum Kaiser gipfelten, änderten auch Louises Stellung im neuen Kaiserreich. Louise bekleidete im noch jungen Gesellschaftsgefüge eine wichtige Position. Sie wurde *dame pour accompa-*

gner *Madame Mère*, Gefolgsdame von Letizia Bonaparate, der Mutter Napoleons.

Eines der imposantesten Gemälde im Louvre, *»le sacre de Napoléon«* von Jacques-Louis David, das die Krönung Napoleons darstellt, zeigt Louise auf dem Ehrenplatz in der Loge zur Linken der *Madame Mère* sitzend, während Napoleon – Papst Pius VII. den Rücken zuwendend – sich selbst die Krone auf sein Haupt setzt. (Abb. 6 und 8)

Auch der Kaiser muss die Marschallin Louise sehr geschätzt haben, schrieb er doch anlässlich der Geburt der Tochter Hortense (Abb. 16) am 31. August 1804 an seinen Marschall: »Ich wünsche mir, dass Ihre Tochter ihrer Mutter ähneln wird.«[5] Dem stolzen Vater gewährte Napoleon einen Urlaub von 60 Stunden, die ihm nur kurzen Besuch am Kindbett erlaubten. Napoleons Bruder Joseph Bonaparte und Hortense, die Frau des Bruders Louis Bonaparte, wurden Paten.

Louise und der Marschall lebten wie viele Jahre zuvor wieder an getrennten Orten. Einzige Ausnahmen bildeten Louises gelegentliche Besuche in Boulogne und Soults kurze Aufenthalte in der Hauptstadt. Um den Schmerz der Trennung zu erleichtern, schickte Louise ihrem Mann Pakete mit provenzalischen Kostbarkeiten: Olivenöl aus Aix-en-Provence, Mokka und Wein. Beim Miniaturmaler Guérin ließ sie ein Porträt von sich anfertigen, das dank seiner bescheidenen Größe immer einen Platz im Zelt des Marschalls finden sollte.

In Paris wurde das Leben zunehmend pompöser, denn das Kaiserreich forderte seinen Tribut. Louise ließ beide Anwesen der Familie renovieren und ausstatten:

Tapisserien von Maigret, Kronleuchter von Duverger, Schmiedearbeiten von Feuchères – alles vom Feinsten und von den besten Handwerkern der Stadt besorgt, die auch für den Kaiser arbeiteten: *noblesse oblige!*

Die Marschallin musste sowohl dem Rang ihres Gatten als auch ihrer Position in der Öffentlichkeit Rechnung tragen und konnte sich nur noch in teuersten Kleidern und mit Schmuck des berühmten Juweliers Marguerite sehen lassen. Die Kosten für ihr standesgemäßes Auftreten in den Jahren zwischen 1803 und 1808 explodierten in einem Maße, dass der Marschall aus dem fernen Liebstadt, wo er sein Hauptquartier aufgeschlagen hatte, zur Sparsamkeit mahnte, es sei ihm unmöglich, alle Rechnungen auf einmal zu begleichen.

Die finanziellen Verpflichtungen in dieser Zeit waren immer wieder Gegenstand der Korrespondenz zwischen Soult und seiner Frau. Der Bankier Carayon, ein Geschäftsmann aus dem Heimatdepartement des Marschalls, riet Soult, auf Pferderennen zu setzen und Geld in Aktien anzulegen. Diese Investitionen scheinen von Erfolg gekrönt gewesen zu sein. In späteren Jahren erhielt Soult Dotationen als Anerkennung für seine militärischen Erfolge bei Austerlitz und bei Jena, welche die finanzielle Situation der Familie erheblich verbesserten.

Spätestens seit 1804 gehörten Louise und ihr Mann zum Mittelpunkt des mondänen Lebens im Paris der jungen Kaiserzeit. Am Abend des 26. Dezembers 1804 gaben Soult und die anderen Marschälle ein rauschendes Fest zu Ehren des frisch gekrönten Kaisers im *Théâtre olympique*. Man tanzte bis in die frühen Morgenstunden.

Weniger gelang eine Soirée, die Soult zu Ehren Napoleons in seinem Stadthaus ausrichten ließ:

Eine Gästeliste mit 60 Namen wird vorab vom Kaiser persönlich abgesegnet und auf das penibelste vorbereitet. Erwartungsvoll ersehnt man um acht Uhr den Kaiser, der jeden Ball mit einer *Contredanse* zu eröffnen pflegte: die Herren in ihren Uniformen, die Damen in Ballkleidern und mit ihren prächtigsten Diamanten geschmückt. Doch der Ehrengast lässt auf sich warten, es wird später und später. Um zehn glaubte man schon nicht mehr an ein Kommen des Kaisers, als dieser endlich eintrifft – ohne Joséphine. Was war geschehen? Der Kaiser befand sich zu Hause in einem Gespräch mit der Gräfin von Duchâtel, von deren Schönheit er beeindruckt war. Die Gräfin erzählte von den Eskapaden einiger Hofdamen und als sie merkte, wie viel Aufmerksamkeit sie mit ihren schlüpfrigen Geschichten erregte, schmückte sie ihren Bericht mit exquisiten Anekdoten aus dem Leben der Kaiserin Joséphine. Plötzlich tritt diese selbst in die Runde, Napoleon fragt sie: »Was halten Sie von einer Dame, die ich aufgrund Ihrer Lobreden zur Palastdame ernannt habe, und die, um ihrer Dankbarkeit Ausdruck zu verleihen, mir über die angeblichen »liaisons secrètes« ihrer Gönnerin berichtet?« Joséphine fällt in Ohnmacht, die Gräfin wird kreidebleich. Der Kaiser durch diese Angelegenheit aufgehalten, erscheint schließlich allein und schlecht gelaunt im Hause Soult. Mit einem finsteren Blick entschuldigt er sich bei der Gastgeberin, die Kaiserin sei krank und er werde deshalb nicht tanzen.[6]

Im Spätherbst 1805 folgte der Marschall den Befehlen des Kriegsministers und zog nach Osten. Wien, Austerlitz, Jena und Königsberg erwarteten den erfolgreichen Soldaten. Die Eheleute lebten nun wieder zeitweise getrennt und standen, von seltenen Besuchen abgesehen, in lebhafter brieflicher Verbindung. Louise kümmerte sich in Paris um die zwei Haushalte, kam gesellschaftlichen Verpflichtungen nach und regelte die Belange ihres Mannes.

Obwohl als Deutsche gelegentlich dem Spott des französischen Adels ausgesetzt – Madame de Chastenay lästerte, die Marschallin habe wohl zu kurz »dans le monde« gelebt –, bekleidete Louise ihre gesellschaftliche Stellung mit Würde. Sie hatte eine solide Erziehung genossen und kannte sich in der Haushaltsführung gut aus. Sie bemühte sich um Ordnung und eine geregelte Verwaltung der beiden Anwesen, wozu selbstverständlich auch die Führung des Personals gehörte. Gelegentlich ließ sie sich zu einer teuren Ausgabe hinreißen. Bei dem Goldschmied Boulanger kaufte Louise ein Reisebesteck bestehend aus 45 prunkvollen Teilen in vergoldetem Silber, jedes einzelne mit dem herzoglichen Wappen mit den drei Leopardenköpfen verziert. Der Preis betrug 82.216,70 Francs, eine deutsche Mark war damals etwa 43 Francs wert. Sie nahm regelmäßig Sprachunterricht, um ihre Französischkenntnisse zu perfektionieren. Ihr Lehrer ließ sie ganze Passagen aus Chateaubriands »Génie du Christianisme« abschreiben, was ihr so gut gefiel, dass sie diese Gewohnheit bis an ihr Lebensende beibehielt. Auch las sie gern. Sie kaufte Bücher für sich selbst oder um sie ihrem

Mann zu schicken, mit dem sie die Vorliebe für interessante Neuerscheinungen teilte.

Die Kinder erzog Louise – obwohl Protestantin – im Sinne der katholischen Kirche, deren Dogmen sie so gut kannte, dass der Bischof von Gent ihr bescheinigte, sie sei »tugendhaft und erledige manche Aufgaben wie eine leidenschaftliche Katholikin«.[7]

Louise versuchte, in den Kindern das Bild des fernen Vaters lebendig zu halten, indem sie ihnen immer wieder vom »Papa bleu« erzählte in einer Anspielung auf dessen blaue Uniform. Soults Geburtstage wurden im fernen Paris als kleine Familienfeste gefeiert.

Beim Gedanken an die geliebte Heimat schrieb Soult am 16. Juni 1806 aus Passau an Louise: »Mein Herz muss seinen Neigungen folgen wie die Donau ihrem Fluss«.

Oft vermochte Louise die Einsamkeit kaum zu ertragen und ihre Sorgen beeinträchtigten ihre Gesundheit. Im Herbst 1806 war ihre Sehnsucht so groß, dass sie mit ihrem Sohn Napoléon-Hector nach Bayern reiste, um ihren Mann zu sehen. Dieser hatte leider nur wenig Zeit für seine Familie, denn sein Korps war in Alarmbereitschaft. Daher veranlasste er einen Offizier, Frau und Kind wieder heil über den Rhein zurück zu führen. Der Marschall selbst ließ sich durch Gefühle nicht aus dem Gleichgewicht bringen.

Je einsamer aber Louise war, desto intensiver kümmerte sie sich um ihre nähere Umgebung. Sie engagierte sich für ihren Neffen Antoine Galinier, einen Sohn der älteren Schwester Soults, die bereits im Jahre 1800 gestorben war. Mit Louises Hilfe gelang Antoine der Eintritt in die renommierte Militärakademie von Saint-

Cyr. Auch für das Gefolge des Marschalls sorgte Louise. Als der Schwadronschef Étienne Hulot in der Schlacht von Preußisch Eylau verletzt wurde, lud sie ihn zur Rekonvaleszenz nach Villeneuve-l'Étang ein. Sie erledigte die Korrespondenz für ihren Mann und beantwortete zahlreiche Bittschreiben junger Soldaten, die sich um Aufnahme in die Umgebung des Marschalls als Adjutant bewarben.

In der Pariser Gesellschaft wahrte sie die Stellung ihres Mannes und war darüber hinaus Vertraute der Kaiserfamilie. All diese Aufgaben erledigte sie liebevoll und mit innigstem Pflichtgefühl, in ständiger Angst um ihren Marschall, den sie zwischen 1805 und 1808 nur jeweils wenige Tage zu Gesicht bekam. Als sie im Winter 1807 zu ihrem Gatten nach Elbing reiste, machte sie in Berlin Halt, um bei den Prinzen Heinrich und Ferdinand von Preußen die Stimmung in Preußen kennen zu lernen. Zweifellos konnte Louise als Deutsche während ihres Aufenthalts in der preußischen Hauptstadt wertvolle Neuigkeiten erfahren, die für den Marschall von Bedeutung waren.

Was für eine gute Ehe Louise Berg und Jean de Dieu Soult führten, zeigte sich besonders während des spanischen Feldzuges in den Jahren 1809 bis 1813. Soult drohte beim Kaiser aufgrund übler Nachrede in Ungnade zu fallen. So hatten böse Zungen behauptet, der Marschall habe 1809 in Portugal weniger die Engländer verdrängen wollen, als vielmehr Ambitionen auf die portugiesische Krone gehabt. Dies war nur der Beginn einer Reihe von Intrigen, die in den folgenden Jahren am Hofe Josephs in Madrid und im Pariser

Abb. 1: Soult als Korporal im Jahre 1791, allerdings erst 1834 von Vincent-Nicolas Raverat gemalt. Unbekannt ist, ob Raverat 1834 eine Vorlage aus der Zeit hat verwenden können. Hier abgebildet nach einer alten Postkarte aus der Sammlung Ludovic Froissart.

SOULT
LANDSBERG
ULM
AUSTERLITZ
MEMINGEN
IENA
LUBEK
EYLAU
FRIEDLAND
TILSIT
BRIVIESKA
St ANDER
LA COROGNE
BRAGA
OPORTO
PONT DE L'ARZOBISPO
OCANO
OLIVENZA
ALBUHÈRA
BADAJOS
LUTZEN
BAUTZEN
BURGOS
BAYONNE
TOULOUSE
WATERLOO
WISSEMBOURG
FLEURUS
ALTENKIRCHEN
STOKAK
PASSAGE DE LA LINTH
GÊNES
MONTE-FASCIO
SAVONNE
MONTE CRETO
TARENTE
CAMP DE BOULOGNE
SUISSE
ITALIE
ALLEMAGNE
PORTUGAL
ESPAGNE

Abb. 2

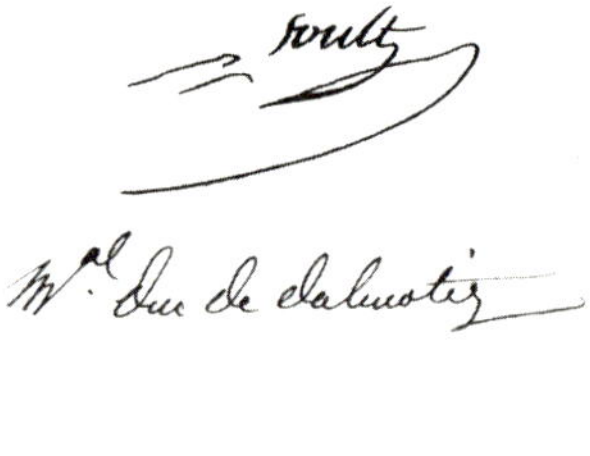

Abb. 3

Louise Soult

La maréchale duchesse de Dalmatie

Abb. 4: Das 1764 erbaute »Haus auf der Treppe« des Klingenkaufmanns Johann Abraham Knecht. 1813 verweilte hier Napoleons Bruder Jérome Bonaparte, bekannt als »König Lustik« von Westphalen, auf seiner Flucht von Kassel über Köln nach Paris. Marschall Bernadotte besichtigte vier Jahre vor seiner Besteigung des schwedischen Thrones das Musterzimmer dieses Hauses. Foto von 1891, Stadtarchiv Solingen.

Abb. 5: Louise mit Napoléon-Hector und Hortense,
gemalt von Robert Lefèvre, 1811. Privatbesitz

Abb. 7. (Ausschnitt) Die Schlacht bei Austerlitz am 2.12.1805. General Rapp meldet Napoleon den Sieg. Zu Pferd von links nach rechts: Rapp, Soult, Napoleon. Gemalt von François Gérard 1808, Museum von Versailles.

Links, Abb. 6: (Ausschnitt) Kaiserkrönung Napoleons in Notre-Dame von Paris am 2.12. 1804, gemalt von Jacques-Louis David, Louvre.
Von links nach rechts: in der Loge: Mme. de Fontanges, Letizia Bonaparte, Louise Berg; unten: Joséphine kniend, Napoleon, Papst Pius VII. sitzend, hinter ihm Kardinal Caprara.

Abb. 8: Kaiserkrönung Napoleons in Notre-Dame von Paris am 2.12. 1804, gemalt von Jacques-Louis David, Louvre. (s. a. Abb. 6, S. 70)

Abb. 9: Die Schlacht bei Austerlitz am 2.12.1805. General Rapp meldet Napoleon den Sieg. Gemalt von François Gérard (s. a. Abb. 7, S. 71)

Abb. 10: Louise mit Napoléon-Hector und Hortense
im Park von Villeneuve l'Étang. Maler unbekannt

Abb. 11: Die Einnahme von Ferrol durch den Herzog von Dalmatien am 27.1.1809. Lithografie, Privatbesitz

Abb. 12: Schloss Villeneuve l'Étang bei Saint-Cloud. Lithografie von Assineau, ca. 1825, Privatbesitz

Abb. 13: Soult zu Pferd. Kupferstich nach Jacques-Louis David

Abb. 14: Soult mit Großcordon der Ehrenlegion.
Kupferstich nach Karl Girardet, ca. 1805

Abb. 15: Napoléon-Hector (1802-1857), ca. 1818.
Maler unbekannt, Privatbesitz

Abb. 16: Hortense (1804-1862), ca. 1818.
Maler unbekannt, Privatbesitz

Abb. 17: Carl Reinhard Berg (1781-1853), Louises Bruder.
Maler unbekannt, Privatbesitz

Abb. 18: Das Bildoval – umkränzt von Eichenlaub und Weinlaub – zeigt Soult (links) und seinen Schwager Carl Reinhard Berg (rechts) auf der Bonner Rheinpromenade. In Öl bemaltes Metalltablett, ca. 1817. Maler unbekannt, Privatbesitz

Abb. 19: Wilhelmine Sibilla Catharina Berg, geb. Mumm,
Louises Mutter, (1756-1827). Heinrich Christoph Kolbe, 1813.
Deutsches Klingenmuseum Solingen

Abb. 20: Soult, gemalt von François Gérard,
ca. 1824/1825, Privatbesitz

Abb. 21: Soult, posthum gemalt von Georges Rouget, 1852, Privatbesitz. Oben rechts eine Marmorbüste Napoleons, unten links die Lithografie »Napoleon auf dem Sterbebett«, ebenfalls von Rouget.

Abb. 22: Louise Berg in schwarzem Spitzenkleid aus Samt, gemalt von Franz Eduard v. Heuss, 1847, Privatbesitz

Abb. 23: Marmorbüste der Louise Berg, Schloß Soult-Berg, Privatbesitz

Abb. 24: Der Marschall, die Marschallin und ihre Tochter Hortense.
Maler unbekannt, ca. 1844, Privatbesitz

Folgende Seite:
Oben, Abb. 25: Schloß Soult-Berg, erbaut 1827-1831 in Saint-Amans-Soult. Foto ca. 1980

Unten, Abb. 26: Mausoleum des Herzogs und der Herzogin von Dalmatien in Saint Amans-Soult, Foto von 2004 anlässlich der 200-Jahr-Feier der Überreichung des Marschallstabes an Soult

Kriegsministerium gegen den Marschall gesponnen wurden.

Die Korrespondenz jener Jahre zeigte, dass beide Ehepartner sich ihre Sorgen gegenseitig anvertrauten und beide dadurch Trost und Ermutigung fanden.

Louise gelang es zum Beispiel, ihren Mann nach mehreren erfolglosen Urlaubsgesuchen in den Jahren zwischen 1810 und 1811 aufzumuntern und sich in Paris für seine Interessen einzusetzen. Napoleon hatte ihr seit dem Jahre 1810 *entrées particulières* gewährt. Dieses Privileg, vom Kaiser tagsüber empfangen zu werden und an seinen Mahlzeiten teilzunehmen, genossen nur wenige, dem Kaiser besonders nahe stehende Personen. Der Kaiser schenkte ihr anlässlich der Geburt seines Sohnes aus der Ehe mit Marie-Luise von Österreich eine mit Diamanten verzierte Opalkette. Während der anschließenden Taufzeremonie durfte Louise das Handtuch halten. Louise war häufig Gast in Fontainebleau und in Compiègne. Ihr Stern stieg auf, während der ihres Gatten zu sinken drohte.

So war es auch ihrer Vertrauensstellung am kaiserlichen Hofe zu verdanken, dass Napoleon den Gerüchten über Soults angebliche Machenschaften in Andalusien wenig Glauben schenkte und seinen Marschall endlich im Frühjahr 1813 aus Spanien abzog.

Aber auch Louise verspürte gesellschaftlichen Druck. So verlangte ein Unbekannter von ihr einen Kredit über 2 Millionen Francs, nachdem er von einer angeblichen Sendung über 12 Millionen Francs des Marschalls an seine Frau erfahren haben wollte.

Anonyme Drohungen, Soults schlechte Presse in der

Hauptstadt und die Verantwortung für die beiden Haushalte in Villeneuve und in der Rue de l'Université mögen Ursache für Louises Migräneattacken gewesen sein, über die sie in den Briefen an ihren Mann häufig klagte. Dieser riet ihr, auf ihre Ernährung zu achten, sich öfter ein wenig Ruhe zu gönnen und sich vor allem warm genug anzuziehen, was der Marschallin angesichts enger Modezwänge nicht immer gelang.

Anlass zur Freude boten die beiden Kinder Napoléon-Hector und Hortense. Der Marschall trug stets ein aus den Haaren seiner Kinder geflochtenes Uhrband. Louise ließ Porträts der Kinder anfertigen, damit ihr Mann sie aufwachsen sehen konnte. Der Marschall verglich diese Bilder mit Augenzeugenberichten seiner Offiziere, die gerade in Paris die Kinder gesehen hatten. Wich die Ausführung der Porträts von den Erzählungen ab, zögerte er nicht, den Künstler scharf zu kritisieren.

Die Erziehung von Napoléon-Hector und Hortense spielte für den Marschall eine so große Rolle, dass Louise gelegentlich deren Hausaufgaben ins ferne Spanien schickte. Als der stolze, knapp 11jährige Napoléon-Hector seinem Vater ankündigte, er werde seinem Lehrer helfen, Caesars *Kommentare* vom Lateinischen ins Griechische zu übertragen, damit dieser Zeit finde, Hortense die lateinische Sprache zu lehren, erhob der um den lieblichen Charme seiner Tochter besorgte Vater energisch Einspruch. Welch eine Idee, Hortense Latein lernen zu lassen! Sollte aus ihr eine Gelehrte oder gar eine Pedantin werden? Er erschauderte bei dem Gedanken, seine Tochter spreche Latein, und konnte sich nicht vorstellen, dass Hortense sich damit bei den Männern beliebt machen werde. Lieber sollte sie doch Italienisch lernen, die Sprache der Oper.

Auch als beide Kinder Kastagnetten wünschten, Tänze wie den Fandango und Bolero lernen wollten, meldete Soult Bedenken an. Die spanischen Tänze seien zu leidenschaftlich und provozierend, er würde es nicht einmal gestatten, dass Hortense Flamencotänzerinnen auch nur zuschaue!

Aber das Hauptquartier des französischen Befehlshabers in Sevilla war weit entfernt von der Pariser Rue de l'Université. Louise setzte sich durch und ließ Hortense sowohl Latein lernen als auch Tanzkurse nehmen. Soult hingegen überwand seinen Groll und schickte Napoléon-Hector ein prächtiges andalusisches Pferd und Hortense einen wunderschönen Papagei.

Die spanischen Kirchen und Klöster gehörten damals zu den reichsten Europas, sie waren mit prächtigen Kunstwerken ausgestattet. Sevilla galt als die Geburtsstätte der größten Malerschule Spaniens im 17. Jahrhundert. Die anarchischen Zustände dort boten Soult Gelegenheit, sich Werke der spanischen Kunst anzueignen, zumal er nicht nur als Oberkommandierender der französischen Armee dorthin kam, sondern als Gouverneur der Provinz bis 1813 unumschränkt Gewalt ausüben konnte. Soult hatte schon in Turin sein ausgezeichnetes Kunstverständnis bewiesen, als er Rembrandts »Heimsuchung« konfiszierte. Obwohl Soult immer wieder zu erklären versuchte, dass alle seine »Akquisitionen« unter legalen Umständen zustande kamen, wird er doch oft als einer der größten Kunsträuber zu Napoleons Zeiten bezichtigt. Zweifellos erwarb der Marschall viele Bilder käuflich, wovon noch heute Quittungen zeugen. Manchmal bekam er auch ein Gemälde als Dank für taktvolle Vermittlung.

Als dem Klerus der Kathedrale von Sevilla von König Joseph eine enorme Strafzahlung angedroht wurde, schaltete sich Soult ein und konnte die Strafzahlung abwenden. Daraufhin überreichte ihm der Klerus Murillos »Geburt der Jungfrau«. Die Stadt Sevilla schenkte ihm Murillos »Heilige Elisabeth pflegt die Kranken«. Auch König Joseph schenkte Soult mehrere Gemälde, zum Beispiel Tizians »Zinsgroschen«. Viele der Bilder in Josephs Sammlung stammten aus Enteignungen von Klöstern, die säkularisiert worden waren. Dies war die Politik der Zeit, eine Politik, die Soult weder aktiv mitgestaltete, noch zu verantworten hatte. Im Gegensatz zu Soult betrieb Napoleon den Kunstraub systematisch.

Es stimmt jedenfalls nicht, dass Soult nach Spanien einmarschiert sei, um sich eine Gemäldesammlung anzueignen und aufzubauen. Unwahr dürfte auch die Geschichte sein, wonach eines der reichsten Klöster in der Umgebung Sevillas in brutaler Weise von einer französischen Kavallerie überfallen worden sei, die Pferde seien in das Refektorium eingedrungen, wertvollste Gemälde der spanischen Schule seien in Gefahr geraten, willkürlich zerstört zu werden. Der Kapuzinermönch, der Soult um Hilfe rief, dem Vandalismus ein Ende zu bereiten, habe sich zu seinen Füssen geworfen und ihn kniend angefleht, die Meisterwerke, die ihm mehr Wert seien als sein eigenes Leben, zu verschonen. Soult habe auf der Stelle befohlen, dass die Bilder nicht beschädigt werden dürfen und die Generäle jeden Kunstschaden persönlich zu verantworten haben. So seien Reichtümer gerettet worden, und diejenigen, welche die Werte am besten kannten, seien dieselben gewesen, die Soult aus Dankbarkeit baten, sich der schönsten Bilder zu bedienen. Diese Geschichte kann deshalb nicht wahr sein, weil zu dem Zeitpunkt alle Männerklöster schon säkularisiert worden waren.

Die Gemälde, welche Soult aus Spanien nach Paris schicken ließ, waren oft in sehr schlechtem Zustand. Daher äußerte er in seinen Briefen an Louise immer wieder Restaurierungswünsche. Die Marschallin zögerte nicht, die Restaurierungsarbeiten wertvoller Gemälde selbst zu überwachen. Sie nahm sogar Malkurse, um die Pinselführung der alten Meister besser verstehen zu lernen und die von Hacquin und Auriol ausgeführten Restaurierungen besser beurteilen zu können.

Die Ausschmückung der Häuser mit Kunst alter Meister und die Eleganz der Innenausstattung vor allem des Pariser Palais haben Neider zu der üblen Nachrede veranlasst, der Marschall habe Südspanien plündern und sich persönlich bereichern wollen. Ein scharfer Vorwurf, der sich in dieser Form nicht beweisen lässt.

Soult gelang es, eine Sammlung spanischer und italienischer Bilder zusammenzustellen, welche für das gesamte 19. Jahrhundert wegweisend wurde. Zu den Künstlern gehörten vorwiegend Murillo, darüber hinaus Zurbarán, Herrera, Alonso Cano, Velazquez, Tizian, Tintoretto u.a. Es ist noch heute Soults Kunstverständnis zu verdanken, dass er es war, der die überragende Bedeutung Zurbaráns in der spanischen Schule für ganz Europa wieder entdeckt hat.

Vivant Denon, der bekannte Kunstkenner und Generaldirektor des Louvre und der französischen Museen, war eine Zeit lang jede Woche einmal bei dem Ehepaar Soult zum Abendessen eingeladen. Als sich Napoleon selbst in Spanien aufhielt, gehörte Vivant Denon zu dessen unmittelbarem Gefolge, denn es waren ihm offenbar die Möglichkeiten bewusst, welche die Kunstschätze Spaniens für die Bereicherung des Louvre und der französischen Museen boten. Im Vergleich zu den anderen bei Soult geladenen Gästen soll Vivant Denon nie versäumt haben, eine Stunde früher in der Rue de l'Université einzutreffen, weil er das Verlangen hatte, Murillos »unbefleckte Empfängnis« regelmäßig und intensiv zu bewundern. Dieses Bild, das auch Soult besonders schätzte und von dem er immer nur als seiner »Madone« schwärmte, befand sich hinter einem grünen doppelten Seidenvorhang am Ende der Galerie. Angeblich durfte dieser Vorhang jeweils nur für Soult selbst oder für Vivant Denon geöffnet werden. Murillo hat Maria in stehender Pose dargestellt, wie sie von Engeln in den Himmel erhoben wird. Dabei hat sie ihre Hände über der Brust gekreuzt, um ihre überschäumende Freude und Glückseligkeit im Zaume zu halten.

Es sei hier vorweggenommen, dass Napoléon-Hector und Hortense nach dem Tode ihrer Eltern die Gemäldesammlung fast vollständig auflösten und im Mai 1852 durch die ehemalige Galerie Lebrun in der Pariser Rue du Sentier 155 Gemälde – darunter 15 Murillos – und im Mai 1857 einige weitere Gemälde durch Christie

& Manson in London versteigern ließen. Der russische Zar wohnte der spektakulären Auktion bei Lebrun, die drei Tage dauerte, persönlich bei, um die Anschaffungen für die Petersburger Eremitage selbst mitzubestimmen. Heute befinden sich die Gemälde aus der Sammlung Soult im Louvre, im Prado, in der Sammlung Thyssen, in der National Gallery und der Wallace Collection in London, in Dresden, in der National Gallery of Art in Washington, in der Eremitage und anderswo. Murillos schon erwähnte »unbefleckte Empfängnis« erzielte bei Lebrun 586.000 Francs, kam 1852 in den Louvre, gelangte aber 1940 über einen Gemäldetausch mit dem Prado zurück nach Spanien. Der aktuelle Katalog des Prado nennt das bekannte Gemälde heute bezeichnender Weise knapp *La Immaculada de Soult*.

Bei all den Erwerbungen war die finanzielle Lage des Paares häufig mehr als prekär: Soults Sold stand oft monatelang aus, und die flüssigen Mittel fehlten oft, um ein luxuriöses Leben mit Spiegeln von Carpentier, Lampen von Delafontaine, Teppichen von Sallandrouze, feiner Wäsche aus dem Hause Prölss in Dresden und Besteck mit dem herzoglichen Wappen vom Goldschmied Boulanger zu finanzieren. Das Paar ließ sich aber von Geldnöten ebenso wenig irritieren wie von den zahlreichen Verleumdungen, denen Soult immer wieder ausgesetzt war.

Die Herzogin zögerte nie, resolut für ihre eigenen Belange einzutreten. So reiste sie im Juli 1813 mitsamt ihren Kindern nach Dresden, um dem Kaiser persönlich ihr Missfallen über die Entscheidung, den Marschall wieder nach Südfrankreich und Spanien zu schicken, auszudrücken. Der Kaiser, weiblichen Widerspruch überhaupt nicht gewohnt, bedeutete ihr zu schweigen und entließ sie mit den Worten: »Madame, ich habe Sie nicht rufen lassen, um mir Ihre Ausfälle anzuhören; ich bin nicht etwa Ihr Mann, und wenn ich es wäre, so würden Sie sich anders benehmen. Denken Sie darüber nach, dass die Frauen zu gehorchen haben, kehren Sie zu Ihrem Mann zurück und quälen Sie ihn nicht mehr.«[8]

Louise beugte sich, Pferde und Equipagen wurden verkauft, schwermütig reiste sie nach Saint-Amans zurück. Im Hauptquartier machte man sich derweil lustig über die energische Herzogin.

Napoleon hat sich dieser Dresdner Episode in seinen schon zitierten Memoiren, die er später auf St. Helena diktiert hat, so erinnert:

»Soult hat durchaus seine Stärken und Schwächen. Sein ganzes Land im Süden Frankreichs ist sehr schön; aber man kann kaum glauben, dass er in seiner Ehe der Bestimmende ist, trotz seiner Haltung und Disziplin, die einen großen Charakter kennzeichnen.«[9] Man gewinnt aus diesen Worten den Eindruck, dass dem Kaiser Louises Mut und ihre freie Meinungsäußerung, die er bekanntlich bei Frauen sonst nicht schätzte, sehr beeindruckt haben.

Die Rechtfertigung

Sofort nach seiner Rückkehr nach Saint-Amans hatte Soult damit begonnen, ein *Mémoire justificatif*, eine Rechtfertigungsschrift, zu verfassen, die sein Verhalten während der *Hundert Tage* erklären sollte. Schon am 24. Juli 1815 hatte die Regierung Ludwigs XVIII. eine Verfügung erlassen, welche eine repressive Handhabe gegen alle Personen schuf, die in verschiedener Hinsicht wieder an der Herrschaft Napoleons während der »Hundert Tage« teilgenommen hatten. Entsprechend dieser Verfügung hatte Fouché, der sich schon unter Napoleon als Polizeiminister bewährt hatte und unter Ludwig XVIII. wieder Polizeiminister geworden war, zwei Listen mit den Namen der betroffenen Personen angelegt. Die eine enthielt die Namen von 18 Marschällen und Generälen, die zu verhaften waren. Diejenigen unter ihnen, die dann vor Militärgerichte gestellt wurden, kamen zum größten Teil glimpflich davon. Der Marschall Ney allerdings, der gefordert hatte, von einer Kammer der Pairs von Frankreich, denen er angehört hatte, gerichtet zu werden, wurde zum Tode verurteilt und im Dezember 1815 erschossen. Zwei weitere Generäle folgten ihm. Bei diesen drei Offizieren handelte es sich um Verurteilungen durch ordentliche Gerichte. In Südfrankreich dagegen wütete der »Weiße Terror«, dem Marschall Brune und weitere Generäle zum Opfer fielen. Eine zweite Liste Fouchés enthielt die Namen derer, die aus Paris zu entfernen waren. An ihrer Spitze stand Soult, der erst im August 1815 in Saint-Amans eintraf. Soult, der gehofft hatte, sich durch sein *Mémoire* rechtfertigen zu können, sah sich getäuscht, obwohl er es gedruckt an einflussreiche Personen des In- und Auslandes hatte versenden lassen. Der Zeitung *»Moniteur«* vom 9. Dezember 1815 konnte Soult dann entnehmen, dass der Herzog von Richelieu, der Premierminister, der Kammer in Paris am Tage nach der Hinrichtung des Marschalls Ney ein Amnestiegesetz vorgelegt hatte. Aus diesem ging klar hervor, dass alle Inhaber von hohen Militär- und Zivilchargen während der »Hundert Tage« von einer Amnestie ausgeschlossen blieben. Ein Protest Soults dagegen vom 6. Januar 1816 blieb erfolglos, sein Weg in die Verbannung ins Ausland war nun nicht mehr aufzuhalten.

Das Memorandum aber ist wegen der besonderen Haltung des Marschalls 1814/1815 von Interesse und hier in seinen Grundzügen zu referieren.

Soult hat es vermieden, darauf hinzuweisen, dass sein militärisches Eingreifen zugunsten Ludwigs XVIII. gegen den aus Elba zurückgekehrten Napoleon zu bürgerkriegsähnlichen Zuständen in Frankreich zwischen Royalisten und Bonapartisten hätte führen können. Dieses von Marschall Ney zu seiner Verteidigung angeführte Argument hatte dessen Todesurteil nicht abgewendet, obgleich es sicher nicht unglaubhaft war. Soult hat auf seine Pflicht als Soldat verwiesen, die er, gleich unter welcher Regierung, Frankreich gegenüber zu erfüllen gehabt habe, zumal sie sich gegen einen Feind von außen gerichtet habe. Er konnte aber auch darauf verweisen, dass er bis zur Flucht des Königs Ludwigs

XVIII. Maßnahmen zur Abwehr des »Usurpators« Napoleon getroffen habe. Und erst, als dessen Erfolg festgestanden habe, habe er sich nach längerem Zögern diesem zur Verfügung gestellt, allerdings nicht ohne ihn auf sein besonderes Vertrauensverhältnis zu Ludwig XVIII. hingewiesen zu haben. Diese Einlassung Soults, für die es keine Zeugen gab, hat Napoleon übrigens auf St. Helena ausdrücklich bestätigt. Damit aber war der mit dem Tode zu bestrafende Vorwurf des Hoch- und Landesverrates gegen Soult nicht zu erheben. Allenfalls war ihm politischer Wankelmut vorzuwerfen, der dann auch mit der Verbannung bestraft wurde.

Bei der Untersuchung des Memorandums wird man dann allerdings den Verdacht nicht los, dass bei der Verbannung noch Neid, Missgunst, persönliche Abneigung und Intrigen in Paris gegen Soult eine Rolle gespielt haben. Soult greift zu seiner Verteidigung bis zur Schlacht von Toulouse gegen die Engländer 1814 zurück, die er zur Verteidigung des Vaterlandes geführt habe. Von seinen Gegnern wegen der Aussichtslosigkeit dieses Kampfes heftig kritisiert, konnte Soult diese Schlacht jedenfalls als Beweis seines Pflichtbewusstseins gegenüber Frankreich gegen seine äußeren Feinde, auch unabhängig von der Aussicht auf Erfolg, anführen. Dass dann sein »administratives Handeln« als Militärgouverneur in Rennes seit dem Juni 1814 die volle Zustimmung des Königs gefunden habe, begründet Soult zutreffend mit seiner Berufung zum Kriegsminister, sozusagen mit einer Beförderung. Kritik an seiner Amtsführung als Kriegsminister unter Ludwig XVIII., aber auch Verleumdungen, müssen 1815 dann eine größere Rolle gespielt haben, denn Soult weist solche detailliert und ausdrücklich zurück. Die übrigens allgemeine Unzufriedenheit in der Armee über die Demobilisierung großer Teile des Offizierkorps, beziehungsweise dessen Herabstufung auf Halbsold, und schließlich die Reintegration emigrierter Offiziere des *Ancien Régime* konnte Soult aus der finanziellen Lage Frankreichs und den politischen Notwendigkeiten der bourbonischen Restauration als nicht von ihm selbst verursacht sehr klar begründen. Im Zusammenhang mit seiner Amtsführung als Kriegsminister konnte Soult, der am 10. März 1815 auf Verleumdungen im Kabinett hin zurückgetreten war, einen Brief Ludwigs XVIII. vom 15. März zitieren, in welchem ihm der König noch sein volles Vertrauen ausgesprochen hatte.

Gravierende Vorwürfe indessen scheint man Soult aus seiner Haltung bei der Rückkehr Napoleons aus Elba am 1. März 1815 gemacht zu haben. Damals hatte Soult Truppenkonzentrationen in Südfrankreich befohlen, noch kurz bevor Napoleon in Cannes landete und den Boden Frankreichs wieder betrat. Seine Gegner hatten daraus geschlossen, dass der Marschall an einer Verschwörung zugunsten Napoleons gegen den Bourbonenkönig teilgenommen habe. Um diesen Vorwurf zu widerlegen, musste Soult erklären, dass er auf Befehl des Königs 30.000 Soldaten zwischen Lyon und Chambéry zusammengezogen hatte, um auf Bitten der Regierung in Wien Unruhen im Piemont zu begegnen. Es handelte sich also um ein ganz zufälliges Zusammentreffen von einem Truppenaufmarsch in Südfrankreich und der Ankunft Napoleons in Cannes.

Im letzten Absatz seiner Verteidigungsschrift geht der Marschall noch kurz auf seine militärische Funktion während der »Hundert Tage« ein. Er betont, dass er als Stabschef Napoleons bei Ligny und Waterloo gegen die Preußen und Engländer gekämpft habe: »Wenn das Verbrechen sind, bin ich schuldig.« Er betont aber auch, dass sein Verhalten damals aus den Umständen zu verstehen sei, nachdem der König das Land verlassen und der Herzog von Angoulême kapituliert hatte.

Aus Soults Sicht war also lediglich seine Teilnahme am letzten Feldzug des Kaisers 1815 »ein Verbrechen«. Und tatsächlich ist diese Teilnahme letztlich unverständlich. Soult erklärt das aus seinem Pflichtgefühl als Bürger und als Soldat mit der Devise: »Tue Deine Pflicht, komme was wolle!«, zu der er sich ausdrücklich bekennt. Dass er aber die militärische Situation Napoleons 1815 falsch eingeschätzt haben könnte, der im *Mémoire* schreibt, dass »Bonaparte, von einer Kühnheit beseelt, die man damals nur als extravagant bezeichnen konnte, zum Unglück Frankreichs wieder auf französischem Boden auftauchte«, ist schwer verständlich. Der General Marbot, der in Spanien unter ihm focht, nannte ihn in seinen Memoiren »immer klarsichtig«.

Aber auch Napoleon muss eine hohe Meinung von ihm gehabt haben. Auf St. Helena bemerkte der Kaiser gelegentlich, dass Soults Haltung und Betragen auf einen großen Charakter hinwiesen. Und den Feldzug 1813/14 in Südfrankreich hat der Kaiser damals auch als hervorragende Leistung bezeichnet.

Damit kontrastiert natürlich die geradezu gehässige Beurteilung, die General Thiébault, Divisionskommandeur unter Soult, über den Marschall in seinen Memoiren hinterließ. Er wirft ihm wegen seiner Haltung 1815 geradeswegs Opportunismus vor: »Er [Soult] gedachte, sein Handeln so einzurichten, dass er sich den Dank der obsiegenden Partei verdiente, mochten dies nun die Bourbonen oder Napoleon sein.« Der Vorwurf der »Niederträchtigkeit«, den Thiébault Soult hier macht, wendet sich, angesichts der für jedermann einsichtigen hoffnungslosen Lage Napoleons 1815, eigentlich gegen ihn selbst. Der Kaiser konnte 1815 nur noch Schlachten gewinnen, aber nicht mehr den Krieg. Aber schon anlässlich der Schlacht bei Austerlitz wirft Thiébault Soult Feigheit vor, weil er sich beim Kampf um das Plateau von Pratzen nicht bei seinem Korps gezeigt habe. Und er spricht ihm die schnelle Auffassungsgabe, die Umsicht und die rasche und glänzende Inspiration, »die den wahrhaft großen Feldherrn auszeichnen«, ab. Gerade diese Fähigkeit Soults aber hatte Napoleon nach der Schlacht bei Austerlitz besonders hervorgehoben.

Ganz offenbar ist die Zahl der Neider und Feinde Soults nicht gering gewesen, eines Soldaten, dessen Laufbahn Napoleon noch am 2. Juni 1815 mit der Erhebung zum *Pair* von Frankreich krönte, mit einem Rang, den die Bourbonen und noch Louis-Philippe 1830 bestätigt haben.

Verrat aber ist Soult, so wie dem Marschall Ney, von beiden Seiten, Napoleon und den Bourbonen, nicht vorgeworfen worden.

Das Exil

Soult wurde in Paris aufgrund seines Engagements für Napoleon während der »Hundert Tage« zur *persona non grata* erklärt, woraufhin er sich im August 1815 nach Saint-Amans zurückzog. Die Herzogin regelte wieder seine Belange in der französischen Hauptstadt.

Allerdings änderte sich Louises Leben gewaltig: Villeneuve war geplündert worden, und aufgrund der veränderten politischen Verhältnisse musste das Paar von nun an auf den gewohnten Luxus während des Empire verzichten. Louise verkaufte die Kutsche und war in Paris zu Fuß unterwegs. Dennoch ließ sie es sich nicht nehmen, Soults *Mémoire justificatif* in Paris und weit über Frankreichs Grenzen hinaus zu verbreiten. Sie schickte Exemplare an den russischen Zaren, den österreichischen Kaiser, den preußischen und den schwedischen König und sogar an Wellington, den sie verdächtigte, an der Demontage ihres Mannes beteiligt gewesen zu sein.

Eine andere Affare, die Louise in Paris für ihren Gatten regeln musste, war weitaus delikater als dessen Verteidigung in der Pariser Gesellschaft: der Herzog von Dalmatien war im Jahre 1812 in Spanien dem Charme einer Andalusierin erlegen. Am 18. Dezember 1812 erblickte ein gemeinsamer Sohn Alfredo das Licht der Welt. Der Marschall hatte seiner Frau den Fauxpas im Sommer 1813 gestanden und war ihr für ihre Nachsicht ewig dankbar: »Ich bitte dich, liebe Louise, als Zeugnis meiner tiefen Dankbarkeit und meiner Bewunderung für deine Haltung mir gegenüber diese Erinnerungsnotiz anzunehmen und sie mir so oft wie möglich unter die Augen zu halten, um mir mein Unrecht und deine erhabene Großzügigkeit in Erinnerung zu rufen.«[10]

Die Mutter Alfredos, Maria de la Paz, war schon 1813 nach Frankreich übergesiedelt und versuchte nun, nachdem Soult beim König in Ungnade gefallen war, aus der Affäre Profit zu schlagen. Sie schickte Louise in den letzten Monaten des Jahres 1815 Briefe mit Vorwürfen gegen Soult. Außerdem drohte sie, den Herzog beim König zu denunzieren und forderte eine einmalige Zahlung von 50.000 Francs und eine jährliche Rente von 24.000 Francs.

Doña Maria hatte Louise offenbar unterschätzt. Die Herzogin ließ sich nicht einschüchtern, sie reagierte überhaupt nicht, woraufhin die Andalusierin ihr Anliegen dem König und dem Kriegsministerium vortrug. Doch auch hier reagierte man nicht und so wandte sich Doña Maria im November 1815 wieder an Louise, dies Mal mit der Drohung, ihre Anklageschrift als Gegendarstellung zu Soults *Mémoire justificatif* zu veröffentlichen. Louise übergab die ganze Affäre ihrem Anwalt, was nun wiederum den Bruder der Spanierin erzürnte. Letzterer ergoss sich in wilden Anschuldigungen wie zum Beispiel der Behauptung von den 20 Millionen Francs, die Soult in London angelegt habe. Die Herzogin erhielt Briefe, in denen sie als geizige Lügnerin beschimpft wurde. Schließlich landete der Streit vor dem Zivilgericht, das Doña Marias Klage als inakzeptabel zurückwies und sie obendrein zur Zahlung der Gerichtskosten verpflichtete. Im Mai 1816 überließ Doña

Maria dem Bruder des Marschalls die Briefe, die Soult ihr geschrieben hatte, und so fand diese Affäre ein Ende.

Soults unehelicher Sohn wuchs bei seiner Mutter heran und erhielt eine solide Erziehung. Dank der Protektion des Marschalls und seines Sohnes Napoléon-Hector erhielt Alfredo im Jahre 1834 die französische Staatsbürgerschaft und machte später im Ministerium für Ackerbau und Handel Karriere.

Louise hatte in dem Moment größter Niedergeschlagenheit, als die Reputation ihres Mannes so stark litt, einen kühlen Kopf bewahrt und sich nicht von den Gefühlen einer eifersüchtigen Ehefrau leiten lassen. Dank ihres Großmuts und ihres Verständnisses für ihren Mann konnte die Krise überwunden werden.

Am 22. Januar 1816 schrieb Soult aus Saint-Amans seiner Frau nach Paris, dass er sich in das Herzogtum Berg begeben wolle und zwar in die Nähe seiner Schwiegermutter. Das Amnestie-Gesetz hatte ihm auferlegt, Frankreich zu verlassen. Es war ihm nicht einmal mehr gestattet, Paris noch zu betreten, wo er gern seine Familie getroffen und noch einige Geschäfte geregelt hätte.

In dem Moment, da Soult die Grenze nach Deutschland überschritt, wurden alle Verbindungen in seine alte Heimat abgeschnitten. Eine triste Zeit kündigte sich an. Er war nun 47 Jahre alt, seine Karriere ruiniert, die Existenz seiner Familie wie seine eigene mehr schlecht als recht gesichert.

Als Soult am 17. Februar 1816 im Hause seiner Schwiegermutter (Abb. 19) in Barmen ankam, wurde er nicht nur von Geheimagenten des französischen Königs überwacht, sondern auch von der preußischen Geheimpolizei. Louises Mutter hatte inzwischen das Handelsgeschäft ihres schon 1786 verstorbenen Mannes allmählich aufgelöst und war von Solingen nach Barmen gezogen, wo sich auch ihr Bruder Wilhelm Gerhard Mumm niedergelassen hatte. Polizeidirektor Schnabel schickte detaillierte Meldungen aus dem Herzogtum Berg in die preußische Hauptstadt. Soult sei bei bester Laune und habe die beträchtliche Summe von 27 Millionen Francs ins Exil retten können. Mochte er also sein Geld unter die Leute kommen lassen, sagten die Barmer und waren der Meinung, sein Aufenthalt könne dem Orte nicht nachteilig sein.

Auch Louises Ankunft am 19. Februar mit Tochter Hortense, einem Bediensteten und zwei Kammermädchen in einem Reisewagen mit sechs Postpferden nährte die Gerüchteküche im Herzogtum Berg. Hatte man nicht beobachtet, wie aus ihrer Kutsche ein Sack Gold ins Haus der Mutter transportiert wurde? Schnabel jedenfalls sprach in seinen Berichten stets despektierlich vom »Exherzog« und von der »Exherzogin« und kochte alte Gerüchte aus den Zeiten des Spanischen Feldzuges wieder auf. In der polizeilichen Berichterstattung hieß es: »Indessen dürfte es auch, besonders in Fabrikorten, der Neugierigen gar zu viele geben, um einen Exherzog und eine Exherzogin von Dalmatien zu begaffen, aber beide sind noch zu sehr von dem ehemaligen Glanz des Hofes und ihrer Pläne verblendet, um augenblicklich in ein bürgerliches Verhältnis übergehen und sich hierin fügen zu können.« Die preußische Polizei sollte den Herzog bald mit Kleinigkeiten schikanieren. Schnabel teilte Soult mit, dass eine königliche Erlaubnis erforderlich sei, wenn er sich im Rheinland niederlassen wolle, denn für die französischen Flüchtlinge waren Pommern und Mecklenburg als Aufenthaltsort vorgesehen. Der Herzog hielt dem entgegen, er befinde sich im Moment lediglich auf Besuch bei seiner Schwiegermutter Berg. Dem preußischen Botschafter in Paris, August Graf von der Goltz, und seinen Verbindungen zu Karl August Fürst von Hardenberg war es schließlich zu verdanken, dass Soult ausnahmsweise die königliche Erlaubnis erhielt, sich im Rheinland niederzulassen, wo und wie lange er es selbst wünschte. Erinnerte man sich doch in Preußen der Höflichkeit und Diplomatie, derer sich Soult auszeichnete, als er 1808 Gouverneur in Berlin war. Schließlich konnte man auch nicht die bergische Herkunft seiner Frau ignorieren.

Als Aufenthaltsort wählte die Familie Düsseldorf. Man mietete im April 1816 ein neues, dreigeschossiges Haus von Gottfried Heinrich Jacobi beim Ratinger Tor in der Alleestraße 7. Das Familienleben war bestimmt vom Rückzug ins Private. Der Alltag verlief ruhig. Man ließ aus Frankreich Möbel und Bücher kommen und richtete sich ein. Sogar erste Freundschaften entstanden im Exil. Die polizeilichen Spitzel ließen sich ein wenig beruhigen. Zum ersten Mal seit zwei Jahrzehnten war man über längere Zeit vereint. Nie hatte Soult das Familienleben so auskosten und sich der Erziehung seiner Kinder mit so viel Hingabe widmen können. Louise wurde wieder schwanger, ein Umstand, der Zeugnis ablegte von dem Glauben der Familie an das Leben und an die Zukunft.

Napoléon-Hector, nunmehr aus ersichtlichen politischen Gründen schlicht Hector genannt, profitierte von seinen exzellenten Deutschkenntnissen und lebte sich in der Schule gut ein. Seine Intelligenz und sein Fleiß brachten ihm die Sympathien seiner Lehrer ein. Mit seinem Lateinlehrer verband ihn später eine langjährige Brieffreundschaft.

Doch die finanzielle Lage war beengt. Soult fragte beim russischen Zaren wegen seiner polnischen Liegenschaften an und erhielt eine krude Abfuhr mit Verweis auf sein Engagement während der »Hundert Tage«. In Paris versuchte Soults Bruder Jean-François vergeblich, Käufer für die beiden Häuser zu finden. Louise musste sich zum Verkauf ihres diamantenen Schmuckes entschließen, denn diesen zu tragen bot sich offenbar keine Gelegenheit mehr. Es handelte sich um ein Diamantenkollier, das der Marschall ihr zur Geburt des Sohnes geschenkt hatte, eine diamantene Kette, Patengeschenk Konsul Napoleons anlässlich der Taufe von Napoléon-Hector, ein Porträt der Kaisermutter, umrahmt mit Diamanten, welches Louise als *dame pour accompagner Madame mère* trug, ein Diamantenkollier und diamantene Ohrringe, Dankesgabe der Stadt Danzig für Verhandlungen des Marschalls über die Grenzen der Stadt, eine mit Diamanten verzierte Tabakdose vom König Friedrich August von Sachsen und einen diamantenen Ring, Geschenk des Zaren Alexander. Der Verkauf des Schmuckes bei Borde brachte einen Erlös von 110.000 Francs. Davon lebte die Familie die nächsten Jahre. Dagegen behielt sie eine Saphirkette, die sie sich selbst von dem Honorar gekauft hatte, das ihr die Kaisermutter gewährte, sowie die mit Diamanten verzierte Opalkette, die ihr Napoleon anlässlich der Geburt seines Sohnes, des Königs von Rom, schenkte, und die sie 1825 an ihre Schwiegertochter Moïna de Salligny übertrug. Auch eine mit Diamanten besetzte Tabakdose, Geschenk des Herzogs von Mecklenburg, blieb in Familienbesitz.

Am 27. Januar 1817 erblickte die Tochter Marie Louise Caroline Leonie das Licht der Welt. Zwei Tage später wurde sie getauft. Paten waren Soults Mutter und Soults Bruder Jean-François. Beide Paten ließen sich in Abwesenheit durch Hortense und Napoléon-Hector vertreten.

Vier Monate später kehrte die Herzogin mit Hortense nach Frankreich zurück, damit sich ihre Erziehung unter vorteilhafteren Bedingungen vollziehe. Ab Juli besuchte Hortense ein Internat in Paris. Louise kam nach Düsseldorf zurück, wo Napoléon-Hector am Königlichen Gymnasium, dem heutigen Görres-Gymnasium, ein hervorragendes Abitur ablegte. Bei der Entlassungsfeier der Abiturienten hielt er die Abschiedsrede in lateinischer Sprache über das Thema: »Was die Völker Europas den Römern verdanken.« Im September verließ auch er Düsseldorf, begleitet von seinem Onkel Jean-François, um in Paris das Hochschulstudium zu beginnen. Fast zeitgleich wurde die kleine Caroline von einer schweren Krankheit getroffen, der sie wenig später erlag. Noch heute ist ihr Grabstein auf dem Golzheimer Friedhof in Düsseldorf zu finden.

Louise entschloss sich, ihre beiden älteren Kinder nun nicht länger in Paris alleine zu lassen und reiste im Februar 1818 in die französische Hauptstadt. Soult blieb allein zurück, der Einsamkeit seines Exils ausgeliefert. Da das Haus in der Alleestraße zu groß für ihn alleine war, übertrug er seine Rechte und Pflichten aus dem Mietvertrag, den er bis zum 1. Mai 1819 eingegangen war, an den Grafen von Nesselrode.

Soult quartierte sich wieder bei seiner Schwiegermutter ein und war weiterhin gezwungen, untätig zu bleiben. Unter diesem Umstand litt er sehr. Manchmal stellte seine Schwiegermutter seine Geduld auf die Probe. So verfügte sie über einen Bilderrahmen von 27 × 18 Zoll Größe. Sie verlangte von ihrem Schwiegersohn, dass dieser Louise veranlasse, in Paris eine Graphik zu finden, die unbedingt eine Kreuzabnahme Christi darstellen und in diesen Rahmen passen sollte. Soult leitete diesen Auftrag mit ebensoviel Respekt wie Humor an seine Frau weiter. Diese Geschichte ist bezeichnend für die Sparsamkeit der Witwe Berg. Es wird ihr nachgesagt, dass sie kein Gedächtnis für die Geburtstage ihrer acht Kinder gehabt habe, sich wohl aber eines jeden Talers erinnerte, den sie jemals irgendjemandem verliehen hatte.

Soult fand Muße, seinen geistigen Interessen nachzugehen und las die Stoiker, Seneca und Montaigne. Er kämpfte innerlich gegen seine aussichtslose Lage in der Isolation und seine Ungeduld. So verordnete er sich lange Spaziergänge und Ausritte in den Wäldern, um seinen Gedanken freien Lauf zu lassen. Er pflegte den Garten und traf sich mit Freunden der Familie Berg. Er widmete sich naturwissenschaftlichen Beobachtungen, für die er sich aus Paris ein Mikroskop schicken ließ, und begann mit der Niederschrift seiner Memoiren, soweit ihm die Ereignisse im Gedächtnis geblieben waren. Soult konnte seine Memoiren nie selbst vollenden. Erst nach seinem Tode war es sein Sohn, der die ersten 3 Bände der Aufzeichnungen seines Vaters herausgab. Diese beschreiben lediglich die Jahre 1787 bis 1800. 1955 schließlich wurden Soults Memoiren über die Feldzüge in Spanien und Portugal von Louis und Antoinette de Saint-Pierre, Nachkommen aus der zweiten Ehe von Napoléon-Hector, bei Hachette veröffentlicht.

Die Abbildung auf einem Tablett stellt Soult mit seinem Schwager Carl Reinhard Berg am Bonner Rheinufer wandernd dar. (Abb. 18) Carl Reinhard Berg deutet mit ausgestrecktem Arm auf den Belderbuscherhof, der zuvor von dem kurfüstlichen Minister Ferdinand Freiherr von Plettenberg zu einem der schönsten Bonner Adelssitze ausgebaut worden war. In diesem Palais war Napoleon 1804 und 1811 Gast von Anton Graf Belderbusch, 1803 bis 1806 Bürgermeister, später Oberbürgermeister der Stadt Bonn. Napoleon und Joséphine hatten im Belderbuschpalais Audienzen gewährt. Die Heirat der 1804 geborenen Tochter Josephine Gräfin Belderbusch, einer Patentochter der französischen Kaiserin, mit Karl Freiherr von Boeselager bewirkte, dass der Hof in den Besitz der letztgenannten Familie gelangte und fortan Boeselagerhof genannt wurde. Louises Bruder Carl Reinhard (Abb. 17) bewohnte zu der Zeit den Metternicher Hof, der unmittelbar neben dem Belderbuschpalais stand, und betrieb seit 1805 im ehemaligen Bonner Franziskaner-Kloster mit dem Elberfelder Fabrikanten Karl Frowein die Baumwollspinnerei Frowein, Berg & Co. Die Fabrik stellte Produkte für den Festlandsmarkt her zum Ersatz des durch die Kontinentalsperre fern gehaltenen englischen Importes. Mit dem Sturz Napoleons und der

Aufhebung der Kontinentalsperre wurde der Spinnerei ihre Existenzgrundlage entzogen.

Louise bewohnte mit den beiden Kindern und Soults Bruder in Paris das Haus in der Rue de l'Université, denn um die Rückkehr ihres Mannes zu erwirken, war ihre Anwesenheit in der Hauptstadt unerlässlich.

Soult und Louise pflegten eine intensive und liebevolle Korrespondenz. Regelmäßig schrieben sie ihre Briefe am Sonntag. Am Freitag danach trafen die Briefe in Paris beziehungsweise Barmen ein, häufig allerdings von preußischen Behörden geöffnet und kontrolliert. Auf eine Antwort des anderen mussten sie in der Regel 12 Tage warten. Napoléon-Hector sandte derweil aus Dankbarkeit seinen ehemaligen Düsseldorfer Lehrern Bücher, Hortense übte sich im Spiel von Harfe und Klavier, sang, tanzte und konzentrierte ihre Studien auf die deutsche Sprache und den Geschichtsunterricht.

Anfang April 1818 konnte Soult die Ungewissheit über die Dauer seines Exils nicht mehr ertragen. Er war entschlossen, in die Schweiz zu ziehen, vorzugsweise in die Gegend von Lausanne, um von dort die Erlaubnis abzuwarten, nach Frankreich zurückkehren zu dürfen. Er bat seine Frau, bei den französischen Behörden und dem Schweizer Botschafter alles zu unternehmen, diesen Plan zu verwirklichen. Vorher jedoch wollten die Eltern gemeinsame Ferien mit den Kindern verbringen. Soult schlug vor, sich in Mannheim zu treffen und mit dem Schiff nach Schaffhausen zu reisen, um den Kindern die Wasserfälle zu zeigen. Zuvor sei es erforderlich, dass Louise ihrem Manne einen Domestiken aus Frankreich sende, denn die beiden Hausangestellten, die ihm in Barmen zur Verfügung stünden, könne er nicht mitnehmen. Louises Bedenken, dass das Leben in der Schweiz teuer und das Reisen mit Pferden dort beschwerlich sei, entgegnete Soult, dass er das gewusst habe, beide Probleme dennoch lösbar seien. Das letztere sei nicht so groß und das erstere löse man, indem man nicht mehr ausgebe als das, was man hat.

Als Ende Mai Louises Schwester Johanne Wilhelmina Catharina Diergardt Soult darauf hinwies, dass das Schloss Hardenberg bei Neviges zu mieten sei, man dort jagen und sich in freier Natur bewegen könne, annullierte Soult sofort alle Möbelverkäufe in Düsseldorf und ließ den Plan, in die Schweiz zu ziehen, endgültig fallen. Er war davon überzeugt, dass auch seinem Sohn die Jagd dort gefallen werde, empfahl aber vorsorglich Louise und Hortense, einige Bücher und viel Musik mitzubringen. Louise war bereits hoffnungsvoll, dass ihr Mann im Frühjahr 1819 wieder nach Paris zurückkehren dürfe. Soult drückte seinen Verdruss indes mit den Worten aus, dass 1819 der einzige Unterschied zu den Jahren 1816-1818 der sein werde, dass er dann seinem Grab noch näher stünde. Nach den Sommerferien der Familie auf Schloss Hardenberg in möblierten Zimmern mit einem großen Garten und frischen Früchten, Hasenjagd in den angrenzenden Wäldern sowie Fischfang im benachbarten Fluss kehrte Louise im Oktober mit den Kindern nach Paris zurück. Soult sah vor sich einen neuen Winter in deutscher Einsamkeit.

Das Weihnachtsfest wollte Soult im Hause seiner Schwiegermutter verbringen, doch Frau Berg hatte schon vor geraumer Zeit einen preußischen Offizier bei sich aufgenommen. Dieser genieße, wie Soult spöttisch anmerkte, alle militärischen Ehren. Seine Ordonnanz bewohnte ein ganzes Zimmer, vor dem ein Wachposten stand. Soult fühlte sich so unwohl, dass er nach wenigen Tagen in seine Eremitage, das Schloss Hardenberg, zurückkehrte. Seinen Aufenthalt dort hatte er lediglich durch einige kurze Besuche in Düsseldorf unterbrochen.

Am 17. Mai 1819 entschloss sich der Abgeordnete Jacques de Caumartin, vor dem Pariser Abgeordnetenhaus das Thema der Staatsbürger im Exil zur Sprache zu bringen. Der König deutete aber an, dass er nur die Rückkehr derjenigen zulassen werde, die sich zur Treue seiner Person gegenüber bekennen und sich seiner Regierung unterwerfen würden.

Als Soult im *Moniteur* einen Bericht über die Sitzung las, ergriff er sofort die Feder, um dem König seine Treue zu schwören und um Rückkehr in die geliebte Heimat zu bitten. Schon am 26. Mai erfuhr Louise in Paris, dass der König dem Gesuch ihres Mannes stattgegeben hatte. Die frohe Botschaft erreichte das Bergische Land am 31. Mai. Napoléon-Hector war bereits mit gültigen Pässen unterwegs zum geliebten Papa.

Am 7. Juni 1819 betrat Soult zum ersten Mal seit fast vier Jahren wieder französischen Boden. Am 9. Juni wurde er von seiner Frau, Hortense und seinem Bruder in Saint-Quentin empfangen, von wo aus sich die Familie auf den Weg nach Villeneuve-l'Étang machte. Hortense begrüßte ihren Vater mit den Worten: »Du wirst dein Land bezaubernd finden und tausendmal schöner als die Einsamkeit, welche du gerade verlassen hast.«

Der Politiker

Mit seiner Rückkehr in die Heimat im August 1819 hat der Marschall bei einem Aufenthalt in Paris eine Audienz bei Ludwig XVIII. verbunden, bei welcher Gelegenheit er auch vom Herzog und der Herzogin von Angoulême, Nichte und Neffe des Königs, empfangen wurde. Anfang September erst traf er mit seiner Familie in Saint-Amans ein.

In den folgenden Jahren bis 1830 hat er sein Leben zwischen Paris und Saint-Amans aufteilen müssen. In Saint-Amans hat er sich allerdings erst einen angemessenen Wohnsitz geschaffen. Dort entstand zwischen 1826 und 1828 das Schloss Soult-Berg, das der Architekt Perchain für die Familie erbaute. (Abb. 25)

Relativ schnell hat der Marschall, der 1820 wieder in seinen Dienstgrad eingereiht wurde, eine Reparation erhalten. Ludwig XVIII. gewährte ihm eine Gratifikation von 200.000 Francs auf die Zivilliste. Mit Rücksicht aber auf Budgetkürzungen wurden seine Bezüge und die der anderen Marschälle auf jährlich 40.000 Francs zurückgeführt. Ältere Forderungen sind mit 5% verzinst worden. Hinsichtlich seines Immobilienbesitzes in und bei Paris hat Soult einen Schnitt vollzogen. Sein Pariser Palais hat er aus verschiedenen Gründen behalten, während er im Dezember 1821 Villeneuve-l'Étang zu einem günstigen Preis an den Herzog und die Herzogin von Angoulême verkaufen konnte. Dafür erwarb er in Saint-Amans drei so genannte »Halbpachthöfe«,

Ankäufe, die er später fortgesetzt hat. Der Marschall hatte sich entschlossen, einen weitgehenden Ortswechsel in den Languedoc zu vollziehen. 1821 verließ der Sohn Napoléon-Hector das Polytechnikum und verlobte sich noch im gleichen Jahr. Die Verbindung zerbrach schon im folgenden Jahre. 1822 heiratete die Tochter Hortense, achtzehnjährig, den Grafen Jules de Mornay, einen 24-jährigen Offizier der königlichen Kavallerie. Es wurde eine glänzende Hochzeit, betrachtet man den Rang der Personen, die zur Unterschrift des Ehevertrages im Palais des Herzogs erschienen waren. Außer den Unterschriften des Königs und von Mitgliedern der königlichen Familie finden sich dort solche von Mitgliedern der Elite des Empire, wie zum Beispiel Marschall Victor, der Kriegsminister geworden war, aber auch von Angehörigen des *Ancien Régime*. Beides ist insofern bemerkenswert, als die Soults gesellschaftlich wieder Eingang in die führenden Kreise Frankreichs unter den Bourbonen gesucht haben. Und dieses zu einem Zeitpunkt, als der Marschall noch nicht wieder in die Kammer der *Pairs* von Frankreich aufgenommen war. Im folgenden Jahr starb der Bruder des Marschalls, Jean-François Soult, der ihn zum Universalerben seines Vermögens eingesetzt hatte. Die Brüder hatte eine sehr enge Beziehung verbunden, die gerade während des Exils fortbestanden hatte, als der Bruder sich besonders der beiden Kinder Soults angenommen hatte. Jean-François wurde in einem Familiengrab beigesetzt, das der Marschall gekauft hatte. Im März 1825 heiratete der Sohn Napoléon-Hector Eugenie genannt Moïna de Salligny, die Tochter des Herzogs von San

Germano, mütterlicherseits Tochter einer Nichte Joseph Bonapartes, des ältesten Bruders des Kaisers Napoleon. Und wieder, wie schon bei der Schwester Hortense, erschienen auch bei Napoléon-Hector als Unterzeichner des Ehekontraktes der König und die königliche Familie, dieses Mal zusammen mit dem Herzog und der Herzogin von Orléans und einer Reihe hoher und höchster Würdenträger des Königreiches. Ein erneuter Beweis des gesellschaftlichen Ranges der Soults. Im Jahr zuvor, im September 1824, war König Ludwig XVIII. gestorben, dem sein Bruder, der Graf von Artois, als Karl X. auf den Thron folgte. Bei dessen Krönung 1825 hat Soult auf Wunsch des neuen Königs, seiner Würde als Marschall von Frankreich entsprechend, als Szepterträger fungiert. Man kann das schon als Zeichen einer königlichen Gunst sehen, die auf die Erhebung in den Rang eines *Pairs* von Frankreich hinführte.

In den folgenden Jahren hat der Marschall, trotz der schrittweisen Wiedergewinnung seiner einstigen Stellung, nichts an seinen Gewohnheiten geändert. Er verlebte weiterhin die Jahre ganz überwiegend in seiner Heimat, unterbrochen nur durch Kuraufenthalte im Mont-Doré zur Pflege seiner Kriegsverwundung am Bein. Er widmete sich der Verwaltung seiner Güter, die er im Laufe der Zeit weiter vermehrte, und beteiligte sich an industriellen Unternehmungen. Sein besonderes Interesse bei der Ausstattung seines Schlosses galt der Bibliothek und der Gemäldesammlung.

Durchgängig ist nun sein Bestreben erkennbar, auf der Ebene der Politik eine seinem gesellschaftlichen Rang entsprechende Rolle zu spielen. Die Ehen seiner

Kinder eröffneten ihm dazu verschiedene Möglichkeiten. Sie lagen einmal in den mondänen Veranstaltungen, Bällen und Empfängen, an welchen in Paris teilzunehmen der Marschall nicht zögerte. Sie lagen aber auch im Anknüpfen von Beziehungen zu wichtigen Persönlichkeiten in den verschiedenen Bereichen, dabei immer darauf bedacht, sich zu Treue und Ergebenheit gegenüber dem König zu bekennen. Stand er doch, ebenso wie auch sein Bruder, der General, unter ständiger Beobachtung der Polizei. So teilte zum Beispiel der Polizeipräfekt dem Innenminister 1823 mit, dass der Marschall die französische Expedition nach Spanien unter der Führung des Herzogs von Angoulême missbilligt habe. Sie erfolgte in Abstimmung der ehemaligen Alliierten, um König Ferdinand VII., der nach dem Abzug Joseph Bonapartes den Thron wieder bestiegen hatte, gegen eine Revolte liberaler Offiziere zu unterstützen, die eine konstitutionelle Monarchie forderten. Der Polizeipräfekt bezog sich bei seiner Meldung an den Innenminister auf Hausangestellte der Soults, vor denen der Marschall zu sprechen sich nicht gescheut habe. Deputierte der liberalen Opposition gegen die Regierung habe er unterstützt. Und schließlich habe man ihn sogar gedrängt, das Kommando über ein Korps französischer *Emigrés* oder Fremder zu übernehmen, um Desertionen im Expeditionskorps für Spanien zu provozieren. Aber der Marschall habe solche Ansinnen abgelehnt mit Hinweis darauf, dass das der nationalen Sache und der konstitutionellen Bewegung nicht nütze. Damals habe der Marschall »täglich« die Generale Sébastiani und Foy, den Bankier Lafitte, einen Freund des Herzogs von Orléans, und andere Deputierte »der Linken« empfangen.

Der Marschall hat damals auch regelmäßig den Salon der Gräfin de Bourke besucht, die unter sorgfältiger Polizeiüberwachung stand. Die Gräfin, Witwe eines dänischen Diplomaten, hatte ein Palais im Faubourg Saint-Honoré gekauft, wo sie, trotz ihres Alters und ihrer Gebrechen, eine große Zahl von Freunden und Diplomaten aus dem Umkreis ihres Mannes um sich sammelte. Diese häufigen Versammlungen, bei denen sich vor allem französische und ausländische Politiker einfanden, erregten die Aufmerksamkeit der Polizei Ludwigs XVIII., die dort eine Heimstatt der Intrigen sah. Unter dem Verdacht, eine Agentin des napoleonischen Polizeichefs Savary und des Fürsten Talleyrand gewesen zu sein, wurde die Gräfin beschuldigt, alle Komplotte »gegen die Ordnung der Verhältnisse in Frankreich« bei sich versammelt zu haben. Im Juni 1823 wurde sie aufgefordert, binnen sehr kurzer Frist Frankreich zu verlassen, was sie aber dank einflussreicher Freunde abzuwenden wusste. Sie musste jedoch darauf verzichten, ihren Salon den bekannten Repräsentanten der politischen Opposition zu öffnen. In diesem Salon hatte, wie schon gesagt, auch Soult verkehrt. Der Marschall, der noch bei den ersten Wahlen zur Deputiertenkammer nach seiner Rückkehr aus dem Asyl die liberale Richtung gewählt hatte, vollzog dann doch eine Wendung, die ihn in die Nähe der Rechten, also zum Hof führte. Nur dort konnte er damals jene Anerkennung erreichen, die seinen Fähigkeiten und Leistungen entsprachen und zur Wiedergewinnung einer hohen Position führten. Seit dem Dezember 1823 – im Frühjahr des Jahres war die Gräfin de Bourke von der politischen Bühne verschwunden – begann der Marschall eine Reihe von Schritten auf den König, die Prinzen und den Ministerpräsidenten Villèle zu, über die er sich sorgfältig Aufzeichnungen gemacht hatte. Einen Höflichkeitsbesuch bei Villèle im Dezember 1823 benutzte Soult, dem Ministerpräsidenten zum Ergebnis des Spanienfeldzuges, der ein schnell errungener Erfolg gewesen war, zu gratulieren, durch den Frankreich wieder eine bedeutende Position in Europa eingenommen habe. Nach einigen Fragen des Ministerpräsidenten zu Soults Erfahrungen in Spanien kam der Marschall auf die Situation in der französischen Armee zu sprechen. Und schon bald sahen sich Soult und Villèle einig über die Notwendigkeit, ein Gesetz zum Beförderungssystem zu schaffen. Am folgenden Tage wurde Soult beim Grafen von Artois empfangen, dem er ebenfalls über die spanischen Angelegenheiten und zur Lage der Armee vortrug. Während der Graf von Artois auf die Bedeutung der Mission Frankreichs für das monarchische Prinzip in Europa hinwies, bedauerte Soult den prädominanten Einfluss Russlands in Spanien und beharrte auf der Konstituierung einer neuen Ordnung für Frankreich in der Wahrnehmung seiner eigenen Interessen. Darüber hinaus wiederholte er vor dem Grafen von Artois die Villèle vorgetragenen Beobachtungen zur Armee. Wenige Tage später entnahm der Marschall dann der Presse, dass er bei der neuerlichen Promotion nicht in die Kammer der *Pairs* aufgenommen worden sei. Wiederum und nur dieserhalb wurde er bei dem

Ministerpräsidenten vorstellig, bemerkte dabei dann aber auch, dass der General Girardin dem Kriegsminister St. Cyr eine Ausarbeitung über die Wehrpflicht zugeleitet habe, die durch seine eigene Sicht der Dinge inspiriert sei. Auch ein Vorstoß Soults bei dem Herzog von Angoulême wegen der Lage der Armee und allgemeiner Missstände überzeugten ihn davon, dass der Herzog nicht im Sinne Soults intervenieren wolle, sondern sich strikt in passivem Gehorsam gegenüber den Befehlen des Königs verhalten werde. Schließlich hat ein Versuch Soults, Ludwig XVIII. selbst von seinen Vorstellungen zu überzeugen, nichts gefruchtet, womit letztlich wohl seine Berufung in die Kammer der *Pairs* aussichtslos blieb. Erst mit dem Tode Ludwigs XVIII. und der Nachfolge seines Bruders, Karls X., im Jahre 1825 konnte Soult seinen Aufstieg in der Hierarchie des Königreiches fortsetzen. Im selben Jahr wurde er in den Heilig-Geist-Orden aufgenommen. Am 17. Juli 1828 wurde der Marschall endlich wieder in die Kammer der *Pairs* von Frankreich berufen, als letzter der Marschälle von Frankreich, seiner Kameraden, und über acht Jahre nach seiner Rückkehr aus dem Exil. Eine Verfügung des Königs berechtigte ihn gleichzeitig, sein Majorat dem Titel eines Herzogs und *Pairs* hinzuzufügen. Diese Erhebung aber hat die Partei der Ultraroyalisten nicht überzeugen können, die ihn weiterhin zu den Feinden des Königs zählte, denn einer von ihnen schrieb, der Marschall Soult sei, ohne direkt ihr Feind zu sein, doch nicht ihr Freund. Nahe liegend ist die Vermutung von Soults ehemaligem Adjutanten und damaligem Deputierten Brun de Villeret, dass es Intrigen gewesen seien, die Soult so lange von der Kammer der *Pairs* ferngehalten hatten. Noch im Oktober 1828 hatte Soult durch den Kriegsminister seine Dienste für einen eventuellen Landkrieg angeboten, als die Regierung wegen eines Zwischenfalls in Algier eine schlagfertige Truppe gegen die »Piratenherrschaft« dort aufstellte. Der inzwischen Achtundfünfzigjährige sah sich zur Verteidigung der Ehre der Krone Frankreichs aufgerufen.

In der Kammer der *Pairs* hat der Marschall seine Stellung in der Folgezeit nicht bloß als eine, wenngleich vornehme, Statistenrolle gesehen. Auch wenn er zur monarchischen Staatsform neigte, so war er doch ein Anhänger eines konstitutionellen Systems, welches Sicherheit gegen eine Willkürherrschaft bot. Dies hatte er schon vorsichtig bei seinen Audienzen in den Jahren 1823 und 1824 im Zusammenhang mit der Spanienexpedition erkennen lassen. Er hat sich nun vor allem im Bereich der Militärverwaltung an der politischen Arbeit beteiligt. So unterstützte er die Petition einer großen Gruppe von ausgemusterten Offizieren, die ohne Bezüge geblieben waren. Doch seine Anfrage deswegen bei dem Kriegsminister wurde abgewiesen. Etatberatungen im Juli 1828 boten dem Marschall dann wieder Gelegenheit, ausführlich und sachkundig die Schwächen der Militärgesetze von 1818 und 1824 zu erörtern im Hinblick auf die Notwendigkeit für Frankreich, eine starke Armee auszurüsten nach dem Beispiel benachbarter Staaten, wie etwa Preußens. Ein Exposé darüber, versehen mit zahlreichen Hinweisen hat der Marschall in Form einer Warnung weitergeführt, Frankreich besäße keine große Kraft zur Abschreckung der Gegner, seine

Truppenstärke weise starke Defizite auf. Die erforderlichen Geldmittel seien für die Eröffnung eines Feldzuges unzureichend, und im Juni 1828 hat Soult einen langen Bericht über die Notwendigkeit der Regelung der Pensionen erstattet, deren Tarife eindeutig unzureichend seien. 1829 gab eine Revision der Strafgerichtsbarkeit Gelegenheit für viele wichtige Einsprüche. Dabei sprach sich der Marschall in der Debatte für die Abschaffung entehrender Strafen aus, die er aus seiner langen Erfahrung begründete, aber auch für eine deutliche Abstufung der Strafen. In den langen Debatten darüber sah sich der Marschall der konstanten Opposition des Kriegsministers, des Siegelbewahrers und des Berichterstatters gegenüber. Noch am Vorabend der Ereignisse von 1830 scheint er jedoch im Kreise der *Pairs* mit seinen Argumenten nicht überzeugt zu haben.

In dem auslaufenden Dezennium zwischen 1819/20 und 1830 war das Leben der Familie Soult in den ruhigen Bahnen einer Weiterentwicklung gesellschaftlicher Beziehungen in Richtung auf politische und mondäne Kreise der Hauptstadt verlaufen. Während die Soults im Winter und Frühjahr verschiedene Salons aufsuchten, war auch ihr Palais in der Rue de l'Université Treffpunkt für zahlreiche Empfänge und Soirées. Dementsprechend ist das Palais sehr würdig ausgestattet und ausgebaut worden. Doch auch diese Zeit eines harmonischen Privatlebens wurde von schmerzlichen Ereignissen unterbrochen. Der Tod des Bruders Jean-François 1823 wurde schon erwähnt. 1827 starb Louises Mutter und 1828 das erste Enkelkind Jeanne, die Tochter von Hortense, die im Dezember 1827 geboren wurde und schon im Mai des folgenden Jahres starb. Diesen Trauerfällen, relativ kurz hintereinander, folgte im Mai 1830 der Tod von Moïna, der Ehefrau Napoléon-Hectors. Sie hatte sich nach einer Reise mit ihrem Ehemann in die Schweiz und nach Österreich von diesem trennen müssen, weil er als Diplomat nach Griechenland reiste. Trotz ihrer Einsamkeit hatte sie noch vergnügte Briefe an die Schwiegereltern geschrieben. Im April 1830 teilte sie dann mit, dass sie unheilbar erkrankt sei und starb nach grausamen Leiden schon wenige Wochen später. Kinder waren aus ihrer Ehe nicht hervorgegangen.

Mit der Julirevolution von 1830, die Soult nicht in Paris erlebte – er weilte in Saint-Amans – trat Frankreich zunächst in eine Phase innerer Turbulenzen ein. Karl X. sah sich seit 1827 einer starken liberalen Opposition in der Kammer der Deputierten gegenüber. 1830 teilte ihm diese mit, dass er »den Wünschen des Volkes« nicht Rechnung trage. Der König hatte gegen den Versuch der liberalen Opposition, eine konstitutionelle Monarchie durchzusetzen, eine Reihe von Erlassen verfügt. Diese schränkten die Pressefreiheit und das Wahlrecht ein, verringerten die Zahl der Abgeordneten und setzten schließlich Neuwahlen fest. Da die Wirtschaftskonjunktur günstig und die Versorgung der Hauptstadt gesichert war, fürchtete die Regierung keine Unruhen. Doch eine kurzfristig verhängte, aber nicht beachtete Pressezensur führte zu einer Radikalisierung der Atmosphäre, die sich rasch ausbreitete und schließlich in Straßenkämpfe überging. Führend in dieser Bewegung wurden der Anwalt und Journalist Thiers und die Bankiers Lafitte und Casimir Périer, denen sich La Fayette anschloss. Ihnen gelang es, den Herzog Louis-Philippe von Orléans, den Sohn von »Philippe Egalité«, zu gewinnen und zum König zu erheben. Karl X., der der Unruhen nicht mehr Herr wurde, dankte zugunsten seines Enkels Heinrich, eines zehnjährigen Kindes, ab, dessen Vater ermordet worden war, setzte noch Louis-Philippe zum Generalstatthalter ein und floh über Cherbourg nach England. Doch Karls X. Enkel wurde beiseite geschoben und Louis-Philippe am 7. August 1830 zum König proklamiert.

Zu diesem König hat Soult schon bald ein sehr enges Vertrauensverhältnis gewonnen. Im ersten Ministerium, das der König am 11. August 1830 berief, erhielt zunächst Marschall Gérard das Kriegsministerium. Schon im November wurde der Bankier Lafitte Ministerpräsident, der, unzufrieden mit Gérard, Soult als Kriegsminister berief. Durch zahlreiche Vorschläge in der Kammer der *Pairs* hatte er sich als der geeignete Minister für die Heeresreform empfohlen. Doch schon im März 1831 mit dem Auftreten neuer politischer Schwierigkeiten und vor allem neuer Unruhen wurde der Bankier Casimir Périer zum Ministerpräsidenten berufen, unter dem Soult zwar Kriegsminister blieb, sich aber manchen Tort gefallen lassen musste mit der Drohung, ihn durch Jourdan zu ersetzen. Zwischenfälle zwischen beiden häuften sich, wobei auch der König die Manieren und Prätentionen Périers nur schwer ertrug. In diesem Klima ständiger Agitationen und innerer Unruhen suchte damals das Kabinett Périer den Erfolg in einer begrenzten Interventionspolitik, so in Belgien, das sich gerade von den Niederlanden löste, durch die Befreiung Brüssels und später mit der Eroberung Antwerpens, so in Ancona, das Périer wegen einer österreichischen Intervention in Bologna nach einer Volkserhebung in der Romagna, besetzen ließ, so in Portugal, wo Franzosen behelligt und verhaftet worden waren. Soult hat in dieser Zeit die Reorganisation der Armee in Angriff genommen. 1831 initiierte er die Gründung der Fremdenlegion, die eine Rolle bei der Eroberung Algeriens seit 1830 mitspielen sollte. 1832 wurden die großen Gesetze zur Heeresreform angenommen, die zum Teil bis heute Geltung besitzen. Dabei ging es zunächst um die Wehrpflicht, die ein Jahreskontingent von 80.000 Mann festlegte, die im Losverfahren gewählt wurden. Der Wehrdienst wurde auf sieben Jahre festgesetzt, wobei eine Weiterverpflichtung von zwei bis fünf Jahren möglich war. Weiterhin wurde das Beförderungssystem reformiert. Es folgten Ergänzungen zu einzelnen Artikeln, bis 1839 ein Gesetz zur Ordnung des Generalstabes angenommen wurde.

Als Kriegsminister erinnerte Soult sich der Waffenproduktion in Solingen, der Heimat seiner Frau. Die von seinem Schwager Carl Reinhard Berg geleitete Firma Gebr. Weyersberg, die Firma Schimmelbusch & Jost und die Firma Schnitzler & Kirschbaum begannen damals, erhebliche Mengen von Blankwaffen an die französische Armee zu liefern. Diese Vorgänge erweckten in der englischen Presse den Verdacht der Korruption, und die Zeitung *»The Tribune«* unterstellte Soult Bestechlichkeit. Doch auf Klage des Marschalls dagegen erwies sich der Vorwurf als haltlos. Soult erhielt wegen

Schädigung seines Rufes einen Schadensersatz zuerkannt.

Der Tod Périers an der Cholera im Mai 1832 führte zu einer Vakanz seines Amtes von 5 Monaten bis König Louis-Philippe Soult mit einer Regierungsbildung beauftragte. Sie versammelte alle politischen Talente der Orleanisten und hatte bis in den Juli 1834 Bestand, doch auch diese hatte sich mit Unruhen in Paris auseinanderzusetzen. Der Versuch der Herzogin von Berry, der Witwe des 1820 ermordeten Sohnes Karls X., damals für ihren Sohn die Krone zu erringen, scheiterte am Desinteresse des Volkes, den Ansprüchen der Herzogin zu folgen. Im gleichen Jahr starb in Wien der Herzog von Reichstadt, der legitime Sohn Kaiser Napoleons, mit dem die Bonapartisten ihren Thronanwärter verloren.

Es waren dann wieder Ausnahmegesetze gegen die republikanische Opposition, die in Paris und Lyon zu Unruhen führten und mit Gewalt unterdrückt werden mussten. Die Demission Soults im Juli 1834 war wohl das Werk zweier Kabinettskollegen des Marschalls, die bei Louis-Philippe intrigiert hatten. Einer von diesen, Guizot, hat später in seinen Memoiren bekannt, dass dies ein schwerer Fehler gewesen sei. Soult hat danach bis 1839 an keiner Regierungsbildung mehr teilgenommen, obwohl König Louis-Philippe sich wiederholt bemüht hat, ihn wieder in die Regierung einzubinden und auch Soult selbst sein Interesse am politischen Leben nicht verloren hatte. Erst im März 1839 hat der Marschall nach der Demission des Ministerpräsidenten Molé wieder an politischen Gesprächen um die Regierungsbildung teilgenommen. Sechs Ministerpräsidenten waren seit seiner Demission 1834 gescheitert.

Zwei Jahre zuvor 1837 war Victoria in England ihrem Onkel, König Wilhelm IV., auf den Thron gefolgt. Zur Teilnahme an ihrer Krönung im Juni 1838 hatte König Louis-Philippe Marschall Soult als Sonderbotschafter mit seiner Vertretung bestimmt. Soult brach begleitet von Napoléon-Hector, seinem Schwiegersohn Jules de Mornay, seinen Adjutanten und einer offiziellen Eskorte von Paris auf, um über Boulogne und Dover nach London zu reisen. Als er sich am 28. Juni in großer Uniform und in der ihm vom König geschenkten silbern verzierten, blauen gondelförmigen Galakarosse mit dem herzoglichen Wappen zur Krönung nach Westminster begab, wurde ihm vom englischen Volk als einzigem Botschafter frenetischer Beifall gespendet, wie ein Teilnehmer der Krönung, Lord William Bentinck, seiner Frau Louise mitteilte. Ein anderer Teilnehmer berichtete der Tochter Hortense von dem »unerhörten Erfolg des Marschalls in London«. In London ist Soult manchen seiner früheren Gegner aus dem Kämpfen in Spanien und Südfrankreich und schließlich auch bei Waterloo begegnet, vor allem dem Herzog von Wellington, der, gleich alt mit ihm, eine ähnliche Karriere als Soldat und Politiker durchlaufen hatte, und in dessen Londoner Palais noch heute ein Porträt Soults, wohl aus dieser Zeit, hängt. Nach zahlreichen Besuchen und Besichtigungen und einem großen Empfang mit Ball, den der Marschall für mehr als 1000 geladene Gäste in seiner Londoner Residenz gab, kehrte er erst zu Beginn des Monats August nach Frankreich zurück.

Kurz zuvor hatte der Marschall in Liverpool beinahe prophetisch verkündet, dass von nun an ein Krieg zwischen Frankreich und England nicht mehr möglich sei. Ein dauerndes Bündnis sei nun zwischen beiden Völkern etabliert, und niemals könnten sie wieder Rivalen werden – abgesehen von dem mutigen und ausdauernden Wettstreit im Handel und in der Industrie und im Kampf um die Freiheit.[11]

Auch in den Augen des Königs, der Gelegenheit nahm, seinem »lieben Marschall« seine Zufriedenheit auszudrücken, war die Entsendung Soults nach London ein politischer Erfolg.

Er wird dazu beigetragen haben, dass Soult nach der Demission Molés 1839 neben dem Amt des Ministerpräsidenten auch das des Außenministers übernahm. Vorausgegangen war dieser Kabinettsbildung wieder eine Revolte, die von drei Revolutionären in Bewegung gesetzt worden war, die die unter Preissteigerungen und Arbeitslosigkeit leidende Pariser Bevölkerung aufgewiegelt hatten. Erst der Einsatz von Truppen stellte die Ruhe wieder her. Victor Hugo überliefert, dass der König während der Regierungsbildung zu Soult gesagt haben soll: »Marschall, das Wasser trübt sich, man muss Minister angeln!« Doch es verging kein ganzes Jahr, bis Soult wieder demissionierte. Dieses Mal scheiterte ein Gesetz in der Kammer, das Soult eingebracht hatte, und das einem Sohn Louis-Philippes, dem Herzog von Nemours, eine Dotation verschaffen sollte. Nachfolger wurde jetzt der Anwalt Thiers, den Soult einen Revolutionär, einen Intriganten und *homme perdu* genannt hatte, und der schon im Oktober 1840 Soult auf dem

Stuhl des Ministerpräsidenten wieder weichen musste. So wurde es Soult, der als Ministerpräsident die feierliche Rückführung der Gebeine Napoleons von St. Helena nach Frankreich am 15. Dezember 1840 in Paris begleitete, die noch sein Vorgänger Thiers angeregt hatte. Soult und Oudinot haben als die letzten noch lebenden Marschälle Napoleons am Sarge des Kaisers gestanden. Der Neffe des Kaisers, Louis-Napoléon, hat damals geglaubt, eine Renaissance des napoleonischen Kaisertums herbeiführen zu können. Er scheiterte, doch ein späterer Ansatz, den Soult noch erleben sollte, hat nach Soults Tod zum Zweiten Kaiserreich geführt.

Von 1840 an hat der Marschall fast sieben Jahre lang das Amt des Ministerpräsidenten innegehabt, in einem Zeitraum, in dem Frankreich eine außergewöhnliche Stabilität erlebte. Unter Soult lenkte Guizot das Außenministerium. Das Kriegsministerium hatte sich der Marschall vorbehalten. Abgesehen von einigen Ministerwechseln und dem Rücktritt des Marschalls 1847 blieb die gleiche Mannschaft bis 1848 im Amt. Für den König muss die Kombination Soult – Guizot in der Regierung ideal gewesen sein. Guizot war ein Mann nach seinem Herzen, und mit Soult verband ihn ein ungewöhnlich enges, persönliches Verhältnis. Der intensive Briefwechsel von 1831 bis 1848 zwischen dem König und dem Marschall spiegelt das wieder, und dieses intime Verhältnis erstreckte sich auch auf die beiderseitigen Familien.

Im Mittelpunkt dieser Familienbeziehung stand die enge Freundschaft zwischen den beiden Herzoginnen deutscher Abstammung, Louise, Herzogin von Dalmatien, und Helene, Herzogin von Orléans, Tochter des Großherzogs Friedrich von Mecklenburg-Schwerin und Gemahlin von Ferdinand-Philippe, Herzog von Orléans, dem ältesten Sohn des Königs. Die Herzogin von Orléans besuchte Louise in Saint-Amans und pflegte die Freundschaft nach dem tragischen Verkehrsunfall ihres Mannes im Jahre 1842 weiter.

Als der Marschall im September 1847, 78 Jahre alt, sein Entlassungsgesuch an den König richtete, konnte er auf einen dreiundsechzigjährigen Dienst für sein Vaterland hinweisen. Noch unter Ludwig XVI. war er in die Armee eingetreten, hatte in dieser die Kriege der Revolutionszeit mitgemacht, schließlich als Soldat der Republik und des Kaiserreichs auf fast allen Schlachtfeldern Europas gekämpft, am Ende diente er als Minister wieder den Bourbonen und schließlich dem Hause Orléans. Er selbst sah den Zeitpunkt seines Ausscheidens aus dem Dienst gekommen und erhielt einen ehrenvollen Abschied.

Durch Verfügung des Königs vom 26. September 1847, die wohl auf Anregung durch Napoléon-Hector zurückging, wurde er in den Rang eines *Maréchal-Général de France* befördert. Er war nach Turenne, Villars und Moritz von Sachsen der vierte Offizier der französischen Armee, der diesen Rang erhielt, einen Rang, der ihm lebenslänglich besondere Ehrenrechte gewährte. Doch während die drei Vorgänger mit ihrer Ernennung nur eine erhöhte Dienststellung auf Zeit erhielten, wurde Soult mit dem *Maréchal-Général de France* ein Dienstrang verliehen, der ihn auf Dauer über die übrigen Marschälle von Frankreich erhob. Dieser Rang ist nicht wieder verliehen worden.

Nachdem Bernadotte 1844 als König von Schweden starb, war Soult damals der letzte noch überlebende jener vierzehn Marschälle, die Napoleon 1804 befördert hatte, schließlich aber auch derjenige von ihnen, der in seiner Funktion als Kriegsminister sich in genau dem Amt befand, für das ihn schon Napoleon auf St. Helena als besonders geeignet bezeichnet hatte. Tatsächlich hat er als solcher durch seine Armeegesetze und die Schaffung der Fremdenlegion eine über seine Zeit hinaus wirksame Bedeutung gehabt. In der Geschichte Frankreichs hat bis heute nach ihm keiner das Amt des Premierministers länger innegehabt als er.

Nach seiner Entlassung aus dem aktiven Dienst durch den König blieben dem Marschall nur vier Jahre bis zu seinem Tode in der Heimatstadt. In Paris erlebte er noch die Februarrevolution von 1848 und an der Seite Louis-Philippes dessen Abdankung zugunsten seines Enkels Philippe.

Soult hatte damals nur den Wunsch, der Herzogin Helene von Orléans, der Regentin und Mutter des Thronfolgers Philippe, Graf von Paris, beizustehen, die als einziges Mitglied der königlichen Familie dem Aufruhr in der Deputiertenkammer entgegentrat. Da Alter und Schwäche ihm dies nicht gestatteten und da sein Sohn Napoléon-Hector als französischer Botschafter in Berlin weilte, erboten sich sein Schwiegersohn de Mornay und ein Freund, die Herzogin zu geleiten. Es gelang ihr, sich aus der turbulenten Kammersitzung in das *Hotel des Invalides* zurückzuziehen. Nach dem Sieg der

Revolution verließ sie Paris und konnte gemeinsam mit ihren beiden Söhnen Philippe und Robert dank der Fluchthilfe Albert Keuchens, des Neffen von Louise, der mit einem deutschen Reisepass für die Herzogin und unter dem Vorwand einer Geschäftsreise nach Paris geeilt war, über die Grenze entkommen. Auf dem Wege nach Eisenach fanden sie ihr erstes Asyl im »Hotel der vier Türme« in Bad Ems, dem bevorzugten Kurort Albert Keuchens.

Nach der Flucht des Königs und mit der Errichtung der Republik verlor Soult vorübergehend seine Privilegien als *Maréchal Général de France.* Erst zu Beginn des Jahres 1851 hat der damalige Präsident der Republik Louis-Napoléon ihm diese restituiert. Doch zu einer Begegnung zwischen dem alten Marschall und dem Neffen seines Kaisers kam es nicht mehr. Louis-Napoléon hat wohl nicht vergessen können, dass Soult Präsident des Ministerrates Louis-Philippes gewesen war, als er nach einem Putschversuch 1840 in der Festung Ham inhaftiert wurde. Den Staatsstreich Louis-Napoléons im Dezember 1851, der 1852 den Weg für das Zweite Kaiserreich frei machte, hat Soult nicht mehr erlebt. Doch ein Zufall fügte es dann wohl, dass Napoleon III., damals schon Kaiser, im Januar 1853 seine Hochzeitsnacht mit Eugenie de Montijo in l'Étang, dem einstigen Lieblingswohnsitz der Soults, verbrachte.

Der Marschall starb an einer Lungenentzündung am Abend des 26. November 1851 auf seinem Schloss Soult-Berg in Saint-Amans La Bastide. Seine Beisetzung wurde am 6. Dezember durch den Erzbischof von Albi zelebriert. Nach dem Willen des Kriegsministers hätte sie mit den »größtmöglichen militärischen Ehren« stattfinden sollen, wurde aber wegen der noch angespannten politischen Lage nach dem Staatsstreich hinsichtlich der militärischen Präsenz verkürzt. Doch am 13. Januar 1852 fand im Pariser Invalidendom eine Trauerfeier zu Ehren des Marschalls statt, »als sei der Marschall anwesend«. Beigesetzt wurde er in dem Mausoleum, das er noch zu Lebenszeiten in seinem Geburts- und Sterbeort für sich und seine Gemahlin hatte errichten lassen. (Abb. 26) Nach seinem Tode wurde Saint-Amans La Bastide in Saint-Amans-Soult umbenannt, was der Marschall für die Zeit seines Lebens abgelehnt hatte.

Louises Konversion

Louise folgte ihrem Manne im Abstand von weniger als vier Monaten in den Tod. Bereits an dem Tage zu Tode getroffen, als sie von dem Menschen getrennt wurde, der mehr als 55 Jahre Mittelpunkt ihres Lebens war, wollte sie stark und energisch bleiben, um ihren grenzenlosen Schmerz zu überwinden. Doch hatte ihr Leben seinen Reiz verloren.

Schon zu Lebzeiten ihres Mannes beschäftigte sie sich sehr mit religiösen Fragen. Das wurde nun vertieft. Dazu lieh sie sich religiöse Literatur über katholische Dogmen aus. Von den religiösen Feierlichkeiten anlässlich der Beisetzung ihres Mannes fühlte sie sich zutiefst bewegt. So traf sie sich immer häufiger mit Priestern aus der Umgebung.

Ein einziges Mal ging sie nach dem Tode ihres Mannes aus, als sie an einer Hohen Messe zu seinen Ehren teilnahm. Schließlich wurde sie krank und bedurfte der ständigen Anwesenheit des Arztes Xavier Amalric, den sie schon in dessen Kindheit kennen und schätzen gelernt hatte, denn er war ein Verwandter ihres Mannes. Sein jüngerer Bruder, ein Missionar, hielt sich zufällig seit drei Wochen zu Kuren in Saint-Amans auf. Louise unterhielt sich gerne mit diesem jungen, gebildeten und geistreichen Priester über Religionsthemen. Er vermochte sie in ihren religiösen Fragen zu trösten, als die Gefahr des Todes unmittelbar bevorstand. Sie empfing seine Ratschläge mit Freude und Erleichterung, bedauerte sie doch seit langem, eine andere Religion als die ihres Mannes und ihrer Kinder zu haben. Bei der Heirat hatte sie allerdings ihrer Mutter versprechen müssen, nie zu konvertieren. Jetzt aber wollte sie sicher sein, in den gleichen Himmel wie den ihres Mannes und ihrer Kinder zu gelangen.

Am Abend des 9. März schließlich fragte sie diesen Priester, was sie tun solle, um das zu erreichen. Die Konsequenzen einer solchen Frage an einen Missionar sind nicht schwer zu erraten. Napoléon-Hector schildert den Vorgang der Konversion in einem Brief an seine Frau am Tage danach, dem 10. März 1852:

»Gestern Abend ist Xavier Amalric mit seinem Bruder, dem Abbé, gekommen, aber er ist zunächst alleine ins Zimmer meiner Mutter gegangen. Als sein Besuch beendet war, saß ich an ihrem Bett und fragte meine Mutter, ob sie nicht den Abbé sehen wolle. Zunächst antwortete sie ›nein‹. Nach einer Weile wiederholte ich meine Frage, und sie fragte: ›Ist es eilig?‹ ›Ja, meine Mutter‹, antwortete ich, ›es eilt immer, sich Gott zu nähern. Besser sofort, als in einer Viertelstunde und besser in einer Viertelstunde, als in einer halben Stunde. Mach es, meine Mutter, und du wirst deinem Sohn kein größeres Glück bringen.‹ Sie antwortete nichts. Ihr Haupt fiel auf das Kissen, und als Xavier hinausging, setzte ich mich an den Fuß ihres Bettes und betete mit ganzer Kraft zur heiligen Maria, zum heiligen Joseph und der Schutzheiligen meiner Mutter, Jeanne Louise Elizabeth. Nach zehn Minuten öffnete sie die Augen und fragte, ob der

Abbé da sei. Ich sagte, dass er im Salon sei und fragte, ob er eintreten dürfe. ›Ja!‹
Sofort kam er herein, blieb allein mit meiner Mutter und fragte sie, ob sie über das, worüber sie am Vortag gesprochen hatten, nachgedacht habe. ›Ja, darüber habe ich die ganze Nacht nachgedacht.‹ Er wiederholte seine Ermutigungen mit großer Sanftheit. Sie antwortete sofort mit fester Stimme und bei vollem Bewusstsein, dass sie seit langem den Gedanken hege, zum Katholizismus überzutreten, dass sie es wünsche und dass sie bereit sei. Es gab kein Entrinnen mehr. Sie meinte, dass sie öffentlich dem Glauben abschwören müsse. Sofort beruhigte sie der Abbé und sagte ihr, dass es reiche, wenn sie beichte und danach eine Erklärung mache. Er sagte ihr, wie sanft die Beichte sei. Und dass die größten Genies sich der Beichte unterzogen hätten. Daraufhin nannte er den Kaiser Napoleon. ›Oh, was den betrifft, kann ich sagen, dass ich ihn persönlich gekannt habe, und dass man nicht sagen kann, dass er Vorurteile gehabt habe. Und mein Sohn, der ein ehrlicher Mensch ist, beichtet auch.‹ Sie beichtete also, und es wurde ihr die Absolution erteilt. Dann holte der Abbé mich herein. Sobald ich an ihrem Bette war, sagte sie: ›Mein Sohn, ich bin jetzt katholisch. Ich möchte dieselbe Religion wie meine Kinder haben.‹ Ich fiel vor ihr auf die Knie, bedankte mich bei ihr und vor allem auch bei Gott und bei der Heiligen Jungfrau. Ich war sehr bewegt. Dann kam Hortense. Wir ließen Mutter allein, damit sie sich ein wenig erhole, aber eine halbe Stunde später ging der Abbé noch einmal zu ihr, um

ihr einen guten Abend zu wünschen. Sie nahm seine Hände und bedankte sich zärtlich bei ihm. Er nutzte die Situation, um sie zu taufen, ohne Bedingungen und ohne dass sie es gemerkt hätte. Sie empfahl ihm, sie am folgenden Tage wieder zu besuchen und ihr ein gutes Buch mitzubringen, als ob sie noch hätte lesen können. Sie faltete die Hände, um zu beten, und versuchte, sich zu bekreuzigen. Sie hatte dem Abbé auch gesagt, dass sie stets an Gott denke.

Heute morgen hat sie den Abbé wieder gesehen, und sie hat gesagt, dass sie nicht bereue, was sie gestern gemacht habe. Und dass sie sehr zufrieden sei und sich erneut bei ihm bedanke. Dann nahm sie sein Haupt und zog ihn zu sich, um ihn zu umarmen.

Während ihrer Konversion war sie bei vollem Bewusstsein, und ihr Wille war frei. Sie hat diesen Schritt in dem Moment getan, als sie mich fragte, ob es eile. Denn sie hatte meine Antwort genau verstanden. Später, als ich zurückkam, fragte sie mich, ob ihre Lage kritisch sei. Ich antwortete ihr, dass ich – angesichts einer solchen Krankheit in ihrem Alter – ihr nicht verbergen könnte, dass man sich Sorgen macht. Diese ganze Szene, die so schnell vonstatten ging, schien mir die Wirkung eines Wunders zu sein, und ich glaubte wirklich, Gottes Güte herabsteigen zu sehen. «

Am 12. März 1852 fährt Napoléon-Hector in einem weiteren Brief an seine Frau fort:

»Meine Mutter ist heute Nacht um halb drei sanft entschlafen.

Es schmerzt mich sehr, aber was für ein Trost! Als ich hierher kam, hat mich ihr Tod mehr berührt als der meines Vaters. Seit dieser großen Tat, die meine Mutter begangen hat, wurde dieses Gefühl durch ein anderes ersetzt. Heut bin ich beruhigt, was sie angeht. Und ich sage mir, dass ich sie sowieso einige Jahre früher oder später hätte verlieren müssen, aber dass die einzige und wahrhaftige Frage ihre Ewigkeit betraf. Wenn die Religion im Himmel keine Wahrheit wäre, müsste man sie erfinden, um die Seelen der Menschen auf Erden zu salben. Aber es ist eine Tatsache, dass der Glaube eine Salbung ist, der einzige Herrscher, und dass er Wunder vollbringt, die sonst keinem menschlichen Wesen möglich wären. Diese Tatsache allein reicht aus, um zu begründen, dass die Religion wahr ist.

Wir werden meine Mutter am Dienstag beerdigen. Wir werden natürlich in allem die Ehren, die wir meinem Vater erwiesen, für sie wiederholen. Aber ein Gefühl, das alle teilen, wird dieser Zeremonie vorausgehen. Du kannst Dir die Wirkung auf unsere Bevölkerung nicht vorstellen bis hin zu den Armen, die ihre Freude auf der Straße explodieren lassen. Davon ausgenommen sind natürlich die Protestanten, die wütend sind. Der Erzbischof von Albi hat mir einen exzellenten Brief geschrieben, um meine Freude zu teilen. Er hat auch allem, was der Abbé Amalric gemacht hat, zugestimmt. Dieser junge Priester war in der Tat perfekt, voller Hingabe, Geistesgegenwart und Taktgefühl.«

Die Nachricht von Louises Konversion schlug in ihrer Solinger Heimat wie ein Blitz ein. Dieser »schändliche Skandal« schien alle Tugenden Louises und die glorreichen Siege ihres Mannes zu überschatten.

Carl Reinhard Berg hielt die Worte »in denselben Himmel ihres Mannes und ihrer Kinder zu gelangen« für zu absurd und dumm, als dass seine Schwester sie bei gesunder Vernunft hätte ausgesprochen haben können. »Die arme Frau war verrathen und verkauft und ist wahrscheinlich katholisch geworden, ohne es zu wissen. Den Kindern musste es deshalb lieb sein, die Leiche ohne Hindernisse neben der des Marschalls beerdigen zu können, was man sonst wahrscheinlich gar nicht würde erlaubt haben.« Die Klarheit ihrer Gedanken war nach seiner Meinung nur scheinbar gegeben, denn »sonst würde sie bei ihrem großen Verstande die Religion nicht in hastiger Eile gewechselt haben wie man ein Kleid wechselt. Der Doktor und sein Bruder hatten in dem Drama die Hauptrollen, und die zwei anderen haben sich über den Erfolg gefreut.«

In einer offiziellen Erklärung (»Constitutionel«) der Französischen Nationalversammlung vom 16. März 1852 heißt es auszugsweise:

»Ein edles Leben ist gerade zu Ende gegangen. Madame la Maréchale, Herzogin von Dalmatien, ist im Alter von 81 Jahren in Soultberg, Département Tarn nach einer kurzen Krankheit gestorben. Ein Schmerz, der nicht gelindert werden konnte, hat ihr Ende beschleunigt, mehr als jede Krankheit oder Altersschwäche. Die Marschallin wurde als Protestantin geboren und seit ihrem Unglück ging sie oft in die kleine Kirche von Saint-Amans, um am Grab desjenigen niederzuknien, den sie so brennend wiederzusehen wünschte. Ein tiefes Gefühl sagte ihr, dass sie ihrem Gemahl im Himmel und ihren Kindern auf der Erde näher käme, wenn sie sich mit ihnen in derselben Glaubensgemeinschaft vereinigte. Man kann sagen, dass sie im Innersten ihrer Seele katholisch war, bevor sie es durch die Sakramente der Kirche wurde.

Sie beichtete und ihr wurde die Absolution erteilt. Bereits am nächsten Tage erhielt sie die heilige Ölung. Zwei Tage vergingen, während derer die Marschallin ihre Entschlusskraft und Klarheit bewahrte, und die Tränen derer, die sie umgaben, verunsicherten kaum die edle Gelassenheit ihres Geistes, der bereits mehr dem Himmel als der Erde gehörte. Endlich in der Nacht vom 11. auf den 12. nach einer kurzen Agonie ohne Anstrengung und ohne Schmerz übergab sie ihre letzten Atemzüge den Armen ihres Sohnes und ihrer Tochter, Madame la Marquise de Mornay, die sie seit dem Tod ihres edlen Vaters nicht verlassen hatte.«

Am 23. März 1852 schreibt Hortense ihrem Onkel Carl Reinhard Berg, der sich mit den letzten »Scharlatanerien« seiner Schwester überhaupt nicht abfinden konnte:

»Wir weinen auf dasselbe Grab und müssen ohne Hintergedanken alles akzeptieren, was den Schmerz der letzten Momente mildern konnte und die letzte Hoffnung des verehrten Menschen nährte, den wir über alles lieben. Was auch immer unsere religiösen Meinungsverschiedenheiten sind, lassen Sie uns unsere beiden Familien wieder vereinigen in derselben Gemeinschaft frommen Respekts und zärtlicher Gefühle. Lassen Sie mich bitte, lieber Onkel, Ihnen und Ihren Kindern wünschen, dass unsere verwandtschaftlichen und zärtlichen Bande, unsere gemeinsamen Erinnerungen und unser gemeinsamer Schmerz immer enger werden.«

Wie sehr Louise Berg ihre Kinder liebte und wie wichtig ihr die Harmonie war, geht aus ihrem Testament hervor. In dem Testament vom 10. April 1845 schrieb sie:

»Am kommenden 27. Mai werde ich mein 74. Jahr vollenden, und meine Gesundheit ist noch gut. Dennoch kann der Wille Gottes mich jeden Moment rufen, damit ich Rechenschaft über die Zeit, die ich auf Erden verbracht habe, ablege. Ich hoffe, dass er meine Seele in göttlicher Erbarmung empfängt, dass er meine Sünden verzeihen wird und dass er mir das Glück derer, denen er verziehen hat, gönnen wird.

Ich liebe meine beiden Kinder mit gleicher Kraft. Man hat meinen Sohn vor mir gewarnt, das ist eine Ungerechtigkeit. Man hat nicht die Wahrheit gesagt, ich schwöre es bei Gott. Man hat die Zuneigung, die er mir entgegenbrachte und die ich auch verdient habe, in falsche Bahnen gelenkt; ich verzeihe ihm aus tiefstem Herzen. Er wird vielleicht eines Tages erfahren, dass die Warnungen vor Hortense ebenfalls ungerecht waren und dass sie ihn jetzt so liebt, wie sie ihn immer geliebt hat seit den glücklichen Tagen ihrer Kindheit. Ich habe nicht viel zu geben; unser Vermögen stammt aus dem Dienst, den der Marschall für sein Vaterland geleistet hat, und der Großzügigkeit des Kaisers. Und aus dem weisen Wirtschaften, um das der Marschall und ich uns zur Verwaltung unseres Vermögens bemüht haben. Das von mir eingebrachte Vermögen schätze ich auf 150.000 Francs. Ich möchte gerne Hortense 50.000 Francs vorab geben, denn ich denke, dass Napoléon das vertragen kann, da er eine Majorsrente von ca. 40.000 Pfund hat. Falls dies jedoch Missverständnisse zwischen ihnen verursachen sollte, kenne ich doch nur zu gut den edlen Charakter meiner Tochter, um zu wissen, dass sie auf diesen kleinen Vorteil verzichten würde. Ich gebe Hortense alle meine Kleidungsstücke, meine Wäsche, meine geklöppelten Stücke und im Allgemeinen alles, was dazu gehört. Sie wird daraus machen, was sie will und auch an meine zukünftige Dienerin denken. Ich gebe ihr auch mein Nécessaire, dessen fehlende Teile in einer kleinen Kiste sind, die ich mit auf Reisen nahm.

Wenn der Marschall dieses Schreiben liest, möchte ich, dass er in ihm noch den Ausdruck meiner tiefen Zuneigung, meiner Dankbarkeit für die seine und für seine immerwährende Güte mir gegenüber findet. Meine Kinder, liebt euch und habt Vertrauen ineinander! Napoléon, deine Schwester ist ein edles Geschöpf. Du hast keine bessere und wahrhaftigere Freundin als sie.«

Am 7. März 1848 ergänzte Louise ihr Testament:

»Heute befinden wir uns in einem kritischen Augenblick, und wir wissen nicht, ob uns noch etwas zum

> Vererben bleiben wird, und ob mein Sohn nicht des Teils, den der Marschall von der Zuwendung des Kaisers aufgehoben hatte, beraubt werden wird. Ich nehme die Schenkung von 50.000 Francs an Hortense zurück, aber die anderen Verfügungen bleiben bestehen. Noch einmal: Meine geliebten Kinder, liebt euch und bleibt einander Freunde. Eine doppelte Kette ist widerstandsfähiger als eine einzelne. Ich hoffe auch, dass sich innerhalb der Familie eine feste Freundschaft entwickeln wird.«

Louises Leichnam wurde an der Seite ihres geliebten Mannes im Mausoleum am Rande der Kirche Notre Dame de Beaulieu in Saint-Amans-Soult beigesetzt. In sich verschlungene Initialen SB – Soult Berg – verzieren die Innenseite des schweren bronzenen Eingangstores.

Ausblick

Mit dem Tode des *Maréchal Général* Jean de Dieu Soult trat eine bedeutende Persönlichkeit der napoleonischen Ära sowie der Restauration endgültig von der politischen Bühne Frankreichs ab. Wie schon erwähnt hinterließ Soult aus seiner Ehe mit Louise Berg einen Sohn Napoléon-Hector und eine Tochter Hortense. Ein drittes Kind, die im Exil in Deutschland geborene Tochter Caroline, war früh gestorben.

Der Sohn, zweiter Herzog von Dalmatien, wurde nach kurzem Militärdienst Gesandter Frankreichs in Stockholm, im Haag, in Turin und in Berlin. Als Deputierter seines Departement Tarn in der Kammer starb er schon 1857. Seine erste Ehe mit Moïna de Salligny blieb kinderlos. Aus der zweiten Ehe mit Marie Desprèz entstammte eine Tochter Louise, die Athanase de Pechpeyrou-Comminges, comte de Guitaut, marquis d'Époisses, heiratete. Von dieser gibt es heute eine zahlreiche Nachkommenschaft in den Familien de Guitaut, de Curel, d'Harcourt, Schneider, Vasselot de Régné, d'Estreux de Beaugrenier, van den Broeck d'Obrenan, Danloux, Rondot, de Monti de Rezé, de Solages, de Barante, Froissart, de Broglie, de Maransange, d'Hespel und de Grosourdy de Saint-Pierre. Die zweite Tochter Napoléon-Hectors, Geneviève Soult de Dalmatie, heiratete den Brigadegeneral René Reille, Sohn jenes Honoré-Charles-Michel-Joseph comte Reille, der noch als Divisionsgeneral unter Soult in Spanien und schließlich bei Toulouse gefochten und Victoire-Thècle, die Tochter des Marschalls Masséna, geheiratet hatte. Unter der Restitution wurde er zum *Pair de France* und 1847 zum *Maréchal de France* erhoben. Jeweils der älteste Nachkomme aus dieser Ehe erhielt durch ein Dekret 1910 das Recht, dem Namen Reille den Namen Soult-Dalmatie anzufügen. Damit ist der Name Soult-Dalmatie auch über den Tod des Sohnes Napoléon-Hector hinaus unter den Nachkommen bis heute erhalten geblieben – obwohl aus beiden Ehen Napoléon-Hectors keine Söhne entstammten – und nun verbunden mit dem ebenfalls ruhmvollen Namen Reille. Einem dieser Nachkommen gehört heute das Schloß Soult-Berg.

Napoléon-Hectors Schwester Hortense de Dalmatie heiratete Jules marquis de Mornay-Montchevreuil. Aus dieser Ehe stammten zwei Söhne und zwei Töchter. Nachkommen des ältesten Sohnes Philippe finden sich in den Familien de Balleroy und de Broglie. Der zweite Sohn Pierre nahm zwar den Namen Soult de Dalmatie an, blieb aber ohne Nachkommen. Die Tochter Berthe trat in den geistlichen Stand ein.

Die enge Beziehung, die der Marschall stets zur deutschen Verwandtschaft seiner Frau Louise aufrecht hielt, legt nahe, auch auf diese einzugehen. Louise Berg hatte vier Schwestern und drei Brüder, von denen vier im Kindesalter starben. Ihre beiden älteren Schwestern heirateten Heinrich Lucas Diergardt und Peter Abraham Keuchen. Zu ihrem Neffen Albert Keuchen in Barmen pflegte die Marschallin eine besonders enge Beziehung, welche nach ihrem Tode von Hortense de Mornay fortgeführt wurde.

Briefe der königlichen Familie an Albert Keuchen, die uns erhalten sind, zeugen von den freundschaftlichen Beziehungen zu der Familie Berg bis in das Jahr 1888, als sich Philippe, comte de Paris, 40 Jahre nach der Februarrevolution dankbar an Albert Keuchens Fluchthilfe erinnert. Albert Keuchen starb unvermählt 1890.

Louises jüngerer Bruder Carl Reinhard Berg heiratete Elisabeth Weyersberg und war als Kaufmann und Fabrikant für Blankwaffen in der 1787 gegründeten und 1997 aufgelösten ältesten Solinger Handelsfirma Gebr. Weyersberg tätig. Die direkten Nachkommen nach Carl Reinhard Berg stehen mit ihren »Cousins«, die direkte Nachkommen von Louise Berg und Napoléon-Hector sind, noch heute in lebhaftem und freundschaftlichem Kontakt – auch nach den Stürmen in den Beziehungen zwischen Deutschland und Frankreich im 19. und 20. Jahrhundert – so zum Beispiel im Jahre 2001 anlässlich des 150. Todestages des Marschalls und 2004 anlässlich der 200-Jahrfeier nach der Verleihung des Marschallstabes. Beide Ereignisse wurden in Saint-Amans-Soult gemeinsam von den Soult'schen Nachkommen wie denen der Familie Berg feierlich begangen. Auch in dieser Hinsicht war die Verbindung des Provenzalen Jean de Dieu Soult mit der Solingerin Louise Berg eine ganz außergewöhnliche Ehe.

Bibliographische Notiz

Unter Verzicht auf eine vollständige Bibliographie zum Thema sollen im Folgenden nur die wichtigsten Titel genannt werden, die Grundlage des vorliegenden Buches waren und ein tieferes Eindringen in den Stoff ermöglichen.

Eine moderne Darstellung der behandelten Epoche bietet *Jean Tulard* im 4. Band der »Geschichte Frankreichs«, herausgegeben von Jean Faviers, die den Titel trägt »Frankreich im Zeitalter der Revolutionen 1789-1851«, Stuttgart 1989.

Für Personen, Begriffe und Abschnitte des napoleonischen Zeitalters gibt erschöpfend Auskunft das »Dictionnaire Napoléon« sous la direction de *Jean Tulard*, nouvelle édition, revue et augmentée, 2 vol., Paris 1999.

Daneben ist weiterhin wichtig *Georges Lefebvre* »Napoleon«, Stuttgart 2003, hg. von Peter Schöttler.

Alle bisherigen biographischen Arbeiten über den Marschall Soult überholt jetzt die überaus gründliche und detailreiche Biographie von *Nicole Gotteri* »Le Maréchal Soult«, Paris 2000.

Inhaltlich wesentlich knapper erschien zuletzt die Biographie von *Frédéric Hulot* »Le Maréchal Soult«, Paris 2003.

Die einzige deutschsprachige Biographie von *Carl Bleibtreu* »Marschall Soult. Napoleons größter Schüler«, Berlin 1902 widmet sich den Feldzügen Soults in

Spanien 1808 bis 1813 und streift die übrigen Abschnitte seines Lebens nur ganz oberflächlich.

Eine neuere englischsprachige Biographie bietet *Sir Peter Hayman* »Soult – Napoleon's Maligned Marshal«, London 1990.

Spezielle Arbeiten zu den Marschällen Napoleons bieten u.a.: *Jacques Jourquin* »Dictionnaire des Maréchaux du Premier Empire«, Paris 2001, 5ième éd., eine statistische analytische und vergleichende Darstellung der insgesamt 26 von Napoleon promovierten Marschälle; *Roger Valynseele* »Les Maréchaux du Premier Empire«, Paris 1957 mit genealogischen Studien zur Nachkommenschaft der Marschälle.

Als Quellen zur Person des Marschalls dienen zuvörderst seine Selbstzeugnisse: die durch den Sohn *Napoléon-Hector Soult* in 3 Bänden editierten »Mémoires du Maréchal-Général Soult Duc de Dalmatie«, Paris 1854; die durch *Louis de Saint Pierre* 1955 in Paris editierten »Mémoires du Maréchal Soult – Espagne & Portugal« zum Feldzug 1808 bis 1813 und die von *Louis und Antoinette de Saint-Pierre* 1959 in Paris editierte »Correspondance politique et familiale avec Louis-Philippe et la Famille Royale«, die einen Einblick in die engen persönlichen Beziehungen der Soults zur Familie Louis-Philippes gewähren. Wichtig ist auch *Soults* Rechtfertigungsschrift gegenüber den Bourbonen »Mémoire justificatif de M. le Maréchal Soult, Duc de Dalmatie« wegen seiner Dienste für Napoleon während der »Hundert Tage«, Paris 1815.

Für das Urteil Napoleons über den Marschall sind die Bemerkungen bezeichnend, die *Emmanuel de Las*

Cases, Kammerherr des Kaisers, in St. Helena im »Mémorial de Sainte-Hélène« überliefert, Éditions du Seuil, Paris 1968.

Aus der zahlreichen Memoirenliteratur der Zeitgenossen und Gefährten des Marschalls seien hier zitiert: *Anacharsis Combes*: »Histoire Anecdotique de Jean-de-Dieu Soult, Maréchal-Général, Duc de Dalmatie«, Castres 1869; die Memoiren des Generals *Marcellin Marbot*, die 1899 dreibändig in deutscher Übersetzung in Stuttgart erschienen wegen ihrer Überlieferung zum Königtum Soults; die von *Nicole Gotteri* 1996 in Paris editierten »Mémoires du général Auguste Petiet, hussard de l'Empire«, Soults Adjutanten; General *Sarrazin* »History of the war in Spain and Portugal from 1807 to 1814«, London 1815, die zwar wichtig, aber wegen der Person des Autors, der Deserteur war, kritisch zu lesen sind.

Sehr aufschlussreich über die Kriegsführung Napoleons ist der englische Militärhistoriker *David Chandler* »Napoleon«, München 1974.

Interessant für den regelmäßig im Zusammenhang mit Soults Feldzügen in Spanien diskutierten Kunstraub ist *Paul Welscher* »Kunstraub unter Napoleon«, Berlin 1978, 2. Aufl.

Über die einzelnen Gemälde aus der Soult'schen Sammlung, deren Herkunft und Schicksal nach der Auflösung des Nachlasses berichtet die *Délégation à l'action artistique de la ville de Paris*: »Le Faubourg Saint-Germain – Rue de l'Université«, Paris 1987.

Wegen der besonderen Bedeutung des Feldzuges in der Schweiz für die Karriere Soults sei noch hervorgehoben: *Nicole Gotteri*: »La campagne de Suisse en 1799«, Paris 2003.

Zum Bericht über die Vorfahren von Louise Berg konnten folgende Schriften von *Albert Weyersberg* herangezogen werden: »Chronik der Familie Berg«, masch. Mskr. 1935; »Chronik der Familie Weyersberg«, Elberfeld 1893; »Solinger Schwertschmiede des 16. und 17. Jahrhunderts und ihre Erzeugnisse«, Solingen 1926; ferner: *Rüdiger Schneider-Berrenberg*: »Solingen, Industriestadt mit Tradition«, Solingen 1996.

Aus der Fülle der überlieferten Archivalien seien besonders zitiert: Archives Mornay-Soult: 402 AP im Centre Historique des Archives Nationales, Paris; Archives du Château d'Époisses. Fonds Soult; Sammlung Ludovic Froissart; Sammlung Axel Fuesers; Stadtarchiv Düsseldorf; Stadtarchiv Solingen.

Anmerkungen

1 Discours de M. le colonel Lheurex in: »Hommage au Maréchal Soult, après sa mort«, Toulouse 1852: »Vous vous êtes couvert de gloire dans cette grande journée; vous êtes le premier manœuvrier d'Europe.«

2 Las Cases: »Mémorial de Sainte-Hélène«, Paris, 1968, S. 253.

3 Nicole Gotteri lehnt den Vornamen Nicolas, der gelegentlich in der Literatur auftaucht, ab, da er in der Geburtsurkunde und in den Militärpapieren nicht nachweisbar ist. Auch in den Memoiren Soults ist er nicht genannt.

4 Nicole Gotteri: »Le Maréchal Soult«, Paris 2000, S. 145. »Les gouvernants ont la mémoire dans l'œil.«

5 Correpondance de Napoléon Ier, Band 9, Nummer 7998, an Soult, 8.9.1804.

6 Nicole Gotteri: »Mémoires du général Auguste Petiet, hussard de l'Empire.« Paris 1996, S. 97 f.

7 Nicole Gotteri: »Le Maréchal Soult«, Paris 2000, S. 255.

8 Las Cases: ebd., S. 253: »Madame, lui dis-je, je ne vous ai pas mandée pour subir vos algarades: je ne suis point votre mari, moi; et si je l'étais ce serait encore tout de même ... Dans les grandes crises, lui dis-je, madame, le lot des femmes est d'adoucir nos traverses; retournez à votre mari, et ne le tourmentez pas.«

9 Las Cases, ebd., S. 253: »Soult avait aussi bien ses défauts et ses qualités: toute sa campagne du midi de la France est très belle; et ce qu'on aura de la peine à croire, c'est qu'avec son attitude et sa tenue, qui indiquent un grand caractère, il n'était pas le maître dans son ménage.«

10 Archives nationales, 402 AP 54.

11 In der englischen Tagespresse vom 25. Juli 1837 wurde der Ausspruch von Soult so zitiert: »Jamais nous ne pourrons redevenir rivaux excepté en persévérance dans la lutte généreuse du commerce, de l'industrie, et de la liberté.«

Personenverzeichnis

Europa
zur Zeit Napoleons I.
1804–1815
Kaiserreich Frankreich 1804
abhängige Staaten
Erwerbungen bis 1812
Schlachten
KGR. SCHOTTLAND
Edinburgh
KGR. GROSSBRITANNIEN UND IRLAND
Dublin
KGR. IRLAND
Nordsee
WALES
KGR. ENGLAND
Amsterdam
London
Dover
Boulogne
Der Kanal
Waterloo
St-Cloud
Paris
Fontainebleau
Nantes
Loire
Atlantischer Ozean
KAISERREICH FRANKREICH
Bordeaux
Rhône
La Coruña
1809
El Ferrol
GALICIEN
Bilbao
1814
Toulouse
Saint-Amans
Vitoria
Marseille
1809
Oporto
Burgos
Rep. Andorra
Ebro
ALT-KASTILIEN
KATALONIEN
Barcelona
KGR. PORTUGAL
Madrid
Aranjuez
Lissabon
1809
Ocaña
KGR. SPANIEN
Balearen
KASTILIEN
1810–1813
Sevilla
ANDALUSIEN
Mittelmeer
1805
Trafalgar
Gibraltar (engl.)
Ceuta (span.)
Algier

Peter Palm, Berlin

Bibliografische Information Der Deutschen Bibliothek
Die Deutsche Bibliothek verzeichnet diese Publikation in der Deutschen Nationalbibliografie; detaillierte bibliografische Daten sind im Internet über http://dnb.ddb.de abrufbar.

www.wallstein-verlag.de
Vom Verlag gesetzt aus der Stempel Garamond
Umschlaggestaltung: Basta Werbeagentur, Steffi Riemann
Vorderes Umschlagbild unter Verwendung zweier Portraits (s. Abb. 20 und 22 in diesem Band)
Rückseitiges Umschlagbild:
Jean de Dieu Soult, gem. von Jean-Baptiste Isabey, 1808-1810, auf Porzellan, Teil des von Napoleon 1806 der Manufaktur von Sèvres in Auftrag gegebenen »table d'Austerlitz« oder »Tisch der Marschälle«, Museum von Malmaison.
Lithografien: Schwab Scantechnik, Göttingen
Printed in Germany
ISBN 3-89244-897-3